Marc Engelhardt

Starke Frauen für den Frieden

W0048990

Das Buch

So etwas hat es in der Geschichte des Friedensnobelpreises noch nicht gegeben: Gleich drei Frauen wurden für ihre Arbeit und ihr Engagement geehrt. Ellen Johnson Sirleaf, Leymah Gbowee und Tawakkul Karman verbindet vieles. Alle drei stammen aus Gesellschaften, in denen Frauen wenig politischen Einfluss haben, auch wenn sie es sind, die ihre Gemeinschaften am Leben erhalten – durch ihre Arbeit, die Sorge für die Familie, ihre Geduld. Alle drei erlebten Gewalt, Krieg und Revolution. Und alle drei entschieden sich, jede auf ihre Weise, mit überkommenen Traditionen zu brechen und die starren patriarchalischen Strukturen in ihren Ländern nicht mehr hinzunehmen. In diesem Buch stellt Marc Engelhardt die Friedensnobelpreisträgerinnen, ihre inspirierenden Geschichten, ihre Arbeit und Überzeugungen vor. Doch es geht ihm nicht nur um drei Ausnahmefrauen: Die Preisträgerinnen stehen beispielhaft für all jene Frauen, die jeden Tag für ihre Rechte und bessere Lebensbedingungen kämpfen, auch wenn sie dafür keine oder nur wenig Anerkennung bekommen. Leymah Gbowee, Ellen Johnson Sirleaf und Tawakkul Karman sind drei von vielen. Denn das ist die wahre Botschaft des Friedensnobelpreises 2011: Frieden braucht starke Frauen.

Der Autor

Marc Engelhardt, geboren 1971 in Köln, hat Geografie, Meeresbiologie und Öffentliches Recht studiert. Es folgten ein Volontariat beim Norddeutschen Rundfunk und mehrere Jahre bei der ARD Tagesschau. Von 2004 bis 2010 arbeitete der Vater zweier Töchter als freier Afrika-Korrespondent in Nairobi für mehrere Tageszeitungen und Magazine sowie den ARD-Hörfunk. Seit 2011 berichtet er von Genf aus über die Geschehnisse bei den Vereinten Nationen.

Marc Engelhardt

Starke Frauen für den Frieden

Die Nobelpreisträgerinnen Ellen Johnson Sirleaf,
Leymah Gbowee und Tawakkul Karman

HERDER

FREIBURG · BASEL · WIEN

HERDER spektrum – Band 6488

Für meine Mutter Ingrid

MIX
Papier aus verantwor-
tungsvollen Quellen
FSC
www.fsc.org
FSC® C106847

Originalausgabe

© Verlag Herder GmbH, Freiburg im Breisgau 2011
Alle Rechte vorbehalten
www.herder.de

Umschlagkonzeption:
Agentur R·M·E Roland Eschlbeck
Umschlaggestaltung:
Verlag Herder
Umschlagmotiv: © AFP/Getty Images
Foto des Autors: © privat

Satz: Barbara Herrmann, Freiburg
Herstellung: fgb · freiburger graphische betriebe
www.fgb.de

ISBN 978-3-06488-3

Inhalt

1. Frauen verändern die Welt – von Westafrika bis in den Nahen Osten

Einleitung

Als die Nachricht vom Friedensnobelpreis Tawakkul Karman erreicht, ist sie dort, wo sie seit acht Monaten fast jede Minute verbracht hat: in einem kleinen Zelt aus Plastik, das vor der Universität von Jemens Hauptstadt Sanaa steht. Hier hat sie getrauert, als Scharfschützen des jemenitischen Regimes mehr als fünfzig ihrer Mitstreiter auf offener Straße erschossen haben. Hier hat sie gefeiert, als der autoritäre Präsident Ali Abdullah Saleh außer Landes geflogen wurde, wenn auch nicht für lange. Hier hat sie gehofft, gebangt, gestritten, vor allem aber ist sie standhaft geblieben. Sie will Frieden für den Jemen, Demokratie und Gleichberechtigung. Nahezu unbeachtet von der Welt, die seit Beginn der Arabischen Revolution nach Tunesien, Ägypten, Libyen schaute, haben sie und Tausende andere junge Jemenitinnen und Jemeniten hier ausgeharrt. Und jetzt werden sie belohnt. »Ich widme diesen Preis dem jemenitischen Volk und der Jugend des arabischen Frühlings«, ruft Tawakkul Karman der jubelnden Menge zu. »Und den Märtyrern, die für die Freiheit ihr Leben gegeben haben.«

Drei Frauen hat das Nobelpreiskomitee in diesem Jahr ausgezeichnet. Das gab es noch nie. Neben Tawakkul Karman werden auch Leymah Gbowee und Ellen Johnson Sirleaf geehrt, die beide für ein Ende des Bürgerkriegs in Liberia gekämpft haben – jede auf ihre Weise. Die eine, Leymah Gbowee, bewegte Frauen zu monatelangen Sitzstreiks und

Gebeten für den Frieden und beendete so schließlich Mord und Gewalt in dem westafrikanischen Land. Ellen Johnson Sirleaf sorgte nach dem Krieg dafür, dass der Frieden blieb. Als Afrikas erste Präsidentin setzt sie sich seitdem bewusst für Frauenrechte ein.

Die Preisträgerinnen unterscheidet vieles. So kommen sie aus unterschiedlichen Generationen: Johnson Sirleaf ist 73, Gbowee 39, Karman 32. Sie stammen aus unterschiedlichen Kulturkreisen: Johnson Sirleaf und Gbowee sind gläubige Christinnen, Karman ist bekennende Muslimin. Aber die Gemeinsamkeiten überwiegen. Alle drei stammen aus Gesellschaften, in denen Frauen wenig politischen Einfluss haben. Alle drei fanden sich auf einmal in Extremsituationen wieder, in denen sie mit überkommenen Traditionen brachen. Alle drei bewegten Frauen, es ihnen gleich zu tun, und schufen damit eine machtvolle Gegenbewegung zur patriarchalischen Elite – ohne Gewalt anzuwenden. Alle drei wurden bedroht, verhaftet, gedemütigt, aber sie lassen sich nicht einschüchtern. Sie sind Heldinnen, alle drei. Und während sie für den Frieden streiten, sorgen und kümmern sie sich auch noch um ihre Familien. Alle drei, Ellen Johnson Sirleaf, Leymah Gbowee und Tawakkul Karman sind Mütter. In den Autobiografien, die Johnson Sirleaf und Leymah Gbowee geschrieben haben, wird immer wieder deutlich, wie sehr sie hin- und hergerissen sind zwischen dem oft gefährlichen Kampf für ihre Ideale und der Liebe für ihre Angehörigen.

In der Begründung für die Auszeichnung beruft sich das Nobelpreiskomitee auf die UN-Resolution 1325, die im Jahr 2000 vom UN-Sicherheitsrat beschlossen worden ist. Erstmals werden darin Kriegsparteien dazu aufgerufen, die Rechte von Frauen zu schützen und Frauen gleichberechtigt in Friedensverhandlungen, Konfliktschlichtung und den Wiederaufbau nach einem Konflikt miteinzubeziehen. Die bis dahin weitgehend ignorierte Gewalt gegen Frauen in bewaffneten Konflikten wird dadurch, etwa im Sicherheitsrat, auf einmal immer wieder zum Thema – genauso wie die Notwendigkeit, nicht nur Männerrunden über die Zukunft von Konfliktgebieten entscheiden zu lassen. »Das norwegische Nobelkomitee hofft, dass die Auszeichnung von Ellen Johnson Sirleaf, Leymah Gbowee und Tawakkul Karman helfen wird, die immer noch verbreitete Unterdrückung von Frauen zu beenden«, heißt es in der Begründung weiter. Zugleich hoffe das Komitee, »das große Potenzial für Demokratie und Frieden, das Frauen darstellen, zu fördern.«

Leymah Gbowee hat es zu ihrem Beruf gemacht, die UN-Resolution 1325 mit Leben zu erfüllen. Im *Frauennetzwerk für Frieden und Sicherheit in Afrika (WIPSEN)*, das sie 2006 mitgegründet hat, gibt sie ihre Erfahrungen weiter und trainiert Frauen für die Arbeit als Mediatorinnen und Aktivistinnen. Gbowee ist überzeugt, dass Frauen besser Frieden schaffen können als Männer. Als Direktorin von *WIPSEN* hat sie dafür gesorgt, dass Frauen bei der Bewältigung zahlreicher Konflikte in Westafrika Gehör gefunden haben. Und sie ist selbst aktiv, um Konflikte bereits zu lösen, bevor sie überhaupt in Bürgerkriegen münden.

Kurz nachdem sie erfahren hat, dass sie mit dem Friedensnobelpreis geehrt wird, sitzt Leymah Gbowee wie damals im Bürgerkrieg auf einem nackten, matschigen Feld in Liberias Hauptstadt Monrovia und betet. Die »weißen Ladies«, wie die von Gbowee angeführte Bewegung wegen ihrer weißen T-Shirts auch genannt wird, beten für friedliche Wahlen in ihrem Heimatland. Nicht einmal ein Jahrzehnt nach Ende des Bürgerkriegs schlagen die Wellen im Wahlkampf hoch, die Töne sind aggressiv geworden. Die Stimmung ist angespannt und die mehr als 8.000 UN-Soldaten im Land bereiten sich auf eine Eskalation vor. Die Frauen aber tun, womit sie berühmt geworden sind: zehn Tage lang demonstrieren sie öffentlich, bei Sonne oder Regen. Sie sind ein lebendes Mahnmal für den Frieden. »Hier sind alle Frauen so richtig aufgeregt«, gibt Leymah Gbowee in einem Interview mit der *tageszeitung* (taz) zu. »Es ist doch ihr Preis. Für mich gibt es also keinen besseren Platz, als bei meinen Frauen zu sein.«

Einmal in diesen Tagen treffen sich die beiden liberianischen Nobelpreisträgerinnen und nehmen sich in die Arme. Es ist ein seltener Moment der Freude über die Auszeichnung, den sich Ellen Johnson Sirleaf gönnt. Ansonsten verliert sie kein Wort über den Preis, auch – oder gerade – nicht in den vielen Reden, die sie dieser Tage hält. In wenigen Tagen wird in Liberia gewählt, und Johnson Sirleaf ist voll und ganz damit beschäftigt, die Mehrheit der liberianischen Wähler von ihren Potenzialen für Demokratie und Frieden, aber auch für die Schaffung von Arbeitsplätzen und die Linderung der immer noch großen Not im Land zu überzeugen. Was ein Komitee im fernen Norwegen entschieden hat, spielt dabei keine Rolle – im Gegenteil, schon vor der Bekanntgabe hatte der beliebteste Oppositionskandidat Johnson Sirleaf vorgeworfen, die Präsidentin nutze die internationale Anerkennung, um über ihre Misserfolge zu Hause hinwegzutäuschen. Jetzt kommt noch die Kritik dazu, das Nobelpreiskomitee versuche, das Wahlergebnis in letzter Minute zu manipulieren. Johnson Sirleaf weiß aus ihrer Erfahrung, dass sie dazu am besten schweigt. Stattdessen redet sie über den stetigen Aufschwung, neue Jobs und die Verbesserungen, die Liberia in ihrer ersten Amtszeit erlebt hat – nicht nur, aber auch für Frauen. Johnson Sirleaf hat ein Gericht ins Leben gerufen, das sich speziell mit der Gewalt gegen Frauen beschäftigt. Neue Gesetze drohen Vergewaltigern zudem mit harten Strafen. In weiten Teilen Afrikas hingegen gilt Vergewaltigung bis heute als Kavaliersdelikt. Leymah Gbowee glaubt, dass sich dank solcher Maßnahmen auch das Frauenbild in Liberias traditionell patriarchalischer Gesellschaft ändert. »Besonders bei jüngeren Männern haben wir das Gefühl, dass sie Frauen nicht mehr als bloßes Anhängsel ansehen.«

Die Reaktionen zeigen, mit welch unterschiedlichen Mitteln die Nobelpreisträgerinnen für Frieden und Frauenrechte kämpfen. Doch sie alle verändern die Welt. Dabei sind Tawakkul Karman, Ellen Johnson Sirleaf und Leymah Gbowee keine Heiligen. Sie haben Ecken und Kanten, haben – auch nach eigenem Bekunden – immer wieder Fehler gemacht und nicht selten Kritiker auf den Plan gerufen. Zum Weltverändern gehört das wohl dazu. Und gerade weil das Leben der drei Frauen weder stromlinienförmig noch strikt logisch verlaufen ist, ist die Geschichte jeder einzelnen von ihnen so spannend und inspirierend zugleich.

2. »Dieses Kind wird führen«

Ellen Johnson Sirleafs Aufstieg in Liberia

Wenn die Regenzeit mit ihren heftigen Niederschlägen über Liberia hereinbricht, leuchtet das Laub des Dschungels so grün, dass einem die Augen schmerzen. Liberia, die Heimat von Leymah Gbowee und Ellen Johnson Sirleaf, ist ein fruchtbares Land. Die Regenwälder, die weite Teile des Landes bedecken, gehören zu den global wichtigsten Hotspots der Artenvielfalt. Dort, wo der Regenwald abgeholzt worden ist, wuchern riesige Kautschukplantagen. Die größte von ihnen beginnt gleich hinter dem Flughafen Roberts Field außerhalb von Monrovia. Stünden die Kautschukbäume, die sich über Kilometer und Kilometer nach Westen erstrecken, nicht so ordentlich in Reih und Glied, könnte man meinen, es handle sich bei den vom US-Reifenhersteller *Firestone* angelegten Plantagen um einen Märchenwald. Doch der Schein trügt, wie so mancher Schein in Liberia.

Liberia, so heißt es in der Wikipedia, ist Afrikas älteste Republik, einer der ältesten unabhängigen Staaten des Kontinents – und ist, formal, nie eine Kolonie gewesen. Doch die wirkliche Geschichte sieht anders aus. Sie ist, wie in den »offiziellen« Kolonien, gezeichnet von Habgier und Gewalt. Dabei begann alles mit guten Absichten. 1816 wurde in den USA die *American Colonization Society* (Amerikanische Kolonisierungsgesellschaft) gegründet. Ihr Ziel: die Rückführung der seit dem kurz zuvor erlassenen Sklavereiverbot befreiten Schwarzen zu organisieren. »Nach Afrika« sollten sie zurückkehren – Männer und Frauen, von denen etliche in den USA geboren worden waren und die noch nie ein anderes Land erblickt hatten. Vier Jahre später landete die erste Gruppe von Ex-Sklaven nicht weit von Liberias heutiger Hauptstadt Monrovia entfernt.

Die meisten Siedler der ersten Stunde überlebten nicht lange: Tropische Krankheiten, vor allem Malaria, rafften Tausende dahin. Außerdem stellten die »Rückkehrer« fest, dass die Küste bereits besiedelt war: Die Kru, ein Volk renommierter Schiffbauer und Fischer, hatten kein Interesse, ihr Land – wie von der Society vorgesehen – an die Neuankömmlinge zu verkaufen. So nahmen die Siedler sich das Land mit Gewalt. Mit Kanonen und Gewehren und immer neuen Schiffen voller Siedler – nach Schätzungen von Historikern trat nur ein Drittel von ihnen freiwillig die Reise an – war den Amerikoliberianern der Sieg sicher. Zu den Siedlern stießen zudem Afrikaner aus anderen Staaten, die in die Sklaverei verkauft worden waren, auf hoher See aber von britischen und amerikanischen Booten aufgebracht und nun ebenfalls an der ehemaligen »Pfefferküste« abgesetzt wurden. Gemeinsam übernahmen die Siedler die Herrschaft im von vermeintlichen »Wilden« bevölkerten Land.

Die schwarzen Amerikaner gebärden sich wie Kolonialisten, auch wenn sie auf dem Papier keine sind. Im Binnenland schließen sie Verträge mit gierigen Häuptlingen, die in Naturalien bezahlt werden. Wer keinen Frieden schließen will, wird militärisch besiegt. So baut die kleine Elite, von den Einheimischen nach dem Herkunftsland mancher Schiffe »Kongos« genannt, in Liberia an ihrem afrikanischen Glück. Ihr Land taufen sie nach ihrer neu gewonnenen Freiheit Liberia; die Hauptstadt benennen sie nach US-Präsident Monroe: Monrovia. Zunächst ist das Land noch einem US-

Gouverneur unterstellt, doch 1847 gründen die inzwischen gut 18.000 Siedler ihre eigene Republik. Am 26. Juli 1847 wird erstmals der *Lone Star* gehisst, eine Abwandlung des amerikanischen Sternenbanners, den im blauen Feld nur ein einzelner Stern schmückt.

Die Verfassung, die das Land sich gibt, ist nach dem Vorbild der US-Constitution ausgerichtet – mit der entscheidenden Ausnahme, dass die Bürgerrechte nur für die Siedler gelten. Die sechzehn anderen Völker, Liberias Ureinwohner, die gut 97 Prozent der Bevölkerung ausmachen, werden von Staats wegen entrechtet und faktisch zu Sklaven der Minderheit gemacht. Sie schuften auf Kaffeeplantagen, beim Abholzen des Regenwalds und später auch in den Minen im Norden Liberias und auf den Kautschukplantagen, von denen Anfang des 20. Jahrhunderts immer mehr errichtet werden. 1926 bekommt die *Firestone-Company* eine Konzession für den Anbau von Kautschuk und legt nicht weit von Monrovia entfernt die größte Kautschukplantage der Welt an. Sie hat mehr als 400.000 Hektar Anbaufläche, die bis heute nicht komplett genutzt werden. Das westafrikanische Liberia, Afrikas älteste Republik, ist für afrikanische Verhältnisse ein kleines Land: etwa so groß wie Portugal, ein bisschen kleiner als die ehemalige DDR. Mit seinem feuchtwarmen Klima – Liberia zählt zu den immerfeuchten Tropen – ist das Land trotz seiner oft armen Böden ideal für die Plantagenwirtschaft geeignet – auch dank der billigen Arbeitskräfte.

Selbst dürfen die Indigenen kein Land besitzen, solange sie nicht etwa durch den Bau eines Hauses nachweisen können, dass sie »zivilisiert« worden sind. Erst 1951 erhalten sie das Wahlrecht. Auf dem Kapitolshügel von Monrovia, auf dem nach Washingtoner Vorbild das Repräsentantenhaus und der Senat tagen, regiert die amerikoliberianische *True Whig Party*. Auch der Präsident, nach amerikanischem Vorbild mit weitreichenden Vollmachten ausgestattet, gehört selbstverständlich der Elite an. Mehr als 130 Jahre lang leben die Liberianer in einem faktischen Apartheidsstaat. Erst in den 8oer-Jahren, mit der Machtergreifung des Militärherrschers Samuel Doe, endet die Vorherrschaft der Amerikoliberianer. In Does brutaler Regierungszeit und den darauf folgenden 14 Jahren Bürgerkrieg wird die Herkunft jedes Liberianers instrumentalisiert. Und auch heute, acht Jahre nach Ende des Kriegs, spielt die Herkunft vor allem im politischen Leben eine große Rolle.

Als Ellen Johnson Sirleaf am 29. Oktober 1938 in Monrovia das Licht der Welt erblickt, ahnt noch niemand etwas von der blutigen Zukunft des Landes. In ihren Memoiren erinnert sich Johnson Sirleaf an die damalige Hauptstadt als »nicht wirklich eine Stadt, eher ein großes Dorf am Meer«. Es gibt keine Straßenlaternen, keine Telefone und keine öffentlichen Verkehrsmittel. Wer etwas zu besorgen hat, geht zu Fuß. Jenseits der Hauptstadt beginnt der Busch. Auch in den 3oer- und 4oer-Jahren reisen die, die sich überhaupt ins Landesinnere hineinwagen, auf den Flüssen in Kanus oder in Sänften, die von Einheimischen getragen werden. Der britische Autor Graham Greene, der zwei Jahre vor Johnson Sirleafs Geburt eine Reise durch Sierra Leone und Liberia unternimmt, beschreibt die Strapazen seiner Reise ausführlich in seinem Bericht *Journey Without Maps*. Auf der letzten Etappe, einer Seefahrt nach Monrovia, spricht ihn plötzlich ein zahnloser Mann an. »Wissen Sie«, fragt er, »dass es in Monrovia eine Karte von ganz Liberia gibt? Sie ist seit Generationen im Besitz einer einzigen Familie und ich werde sie mir ansehen gehen.« Auf den meisten Karten ist das Land nicht mehr als ein weißer Fleck. »Hic sunt Leones«, hier sind Löwen, steht auf manchen geschrieben, mehr nicht.

Womöglich auch der langen Reise durch die Wildnis geschuldet, beschreibt Greene das Monrovia von Ellen Johnson Sirleafs Kindheit wohlwollend. »Monrovia ist wie ein Neuanfang; gut, ein Neuanfang, der über zwei mit Gras bedeckte Hauptstraßen und ein paar Holzhäuser nicht weit hinausgekommen ist, aber immerhin.« Greene macht nur wenige Steingebäude aus: die Kirchen, die dreistöckige präsidiale Residenz, das Finanzministerium und die Staatskanzlei. Die einzige asphaltierte Straße führt den Hafen entlang. »Sie ist nur für den motorisierten Verkehr freigegeben, aber es gibt kaum Autos, weswegen sich auch hier die Fußgänger drängen.« In den Wohnvierteln macht Greene die Rohbauten einiger Steinhäuser aus, an denen nur gebaut wird, wenn der Bauherr Geld hat. »Sie sind eine Wertanlage; wer sein Geld nicht bei der *Firestone*-Bank parkt, legt es in solchen Häusern an.«

Greene, der mit dem für die Imperialisten dieser Zeit typischen Rassismus nicht spart, schreibt auch, es sei nicht schwer, sich über diese schwarze Hauptstadt lustig zu machen, »in der jeder Zweite ein Rechtsanwalt und ausnahmslos jeder ein Politiker ist«. Von den Indigenen bekommt Greene mit, dass 6.000 von ihnen von den Dorfchefs zur Arbeit auf die *Firestone*-Plantage geschickt worden sind. »Niemand ist in der Lage zu sagen, ob sie freiwillig dort arbeiten oder Zwangsarbeiter sind«, schreibt er. »Wobei fest steht: wenn jemals die ganze Fläche bewirtschaftet werden sollte, reichen die freiwilligen Arbeitskräfte dafür niemals aus.«

Wenn Ellen Johnson Sirleaf an ihre Kindheit denkt, erinnert sie sich an Häuser aus Zink, Straßen aus Lehm, Papaya-Bäume und Cassava-Felder. Alles war einfach und freundlich, fröhlich und verbreitete ein Gefühl von Sicherheit und Stabilität – Zuhause eben. Die Familie wohnt im Zentrum der Stadt in einem Haus an der Benson Street, einer der von Greene beschriebenen »grasbestandenen« Hauptstraßen. Ellen ist die Drittgeborene. Die Nachbarschaft ist gemischt, Lehrer, Kaufleute und Politiker leben hier. Vor allem aber erinnert sich Johnson Sirleaf an die zahlreichen Kinder, die ständig miteinander spielen. »Das hatte eher etwas von einem Dorf als von einem Stadtquartier.« Ihre Eltern gehören zum Mittelstand. Das zweistöckige Familienhaus aus Beton beschreibt sie als »größer als manche und bescheidener als andere«. Im Laufe ihrer Kindheit wächst der Wohlstand der Eltern weiter. Der Vater, ein Rechtsanwalt, geht in die Politik. Bald sitzt der mit Präsident William Tubman befreundete Vater im Repräsentantenhaus, »der erste Indigene, der dort saß«, schreibt Ellen Johnson Sirleaf.

Ob es sich bei ihrem Vater tatsächlich um einen indigenen Liberianer handelte, wird bis heute vor allem von Johnson Sirleafs politischen Gegnern bestritten. Viele von ihnen werfen ihr vor, amerikanische Wurzeln zu besitzen, was ihre Wahlchancen deutlich mindern würde. Johnson Sirleaf selbst nimmt sich daher gerade im Wahlkampf oft die Zeit, ihre Abstammung en détail zu erklären. Ihr Großvater, sagt sie dann, war ein ethnischer Gola und ein bedeutender Clanchef, der Jahmale der Friedensstifter genannt wurde. Mit seinen acht Frauen lebte er in einem Dorf in Bomi, einer Provinz nordwestlich von Monrovia. Sein Ruf war so bedeutend, dass sich eines Tages Liberias Präsident Hilary Johnson auf den Weg machte, um Jahmale persönlich kennenzulernen. Bei diesem Treffen, so erzählt Johnson Sirleaf, habe Johnson persönlich sich dafür eingesetzt, dass ihr Vater – Jahmales Sohn Karnley – als Ziehkind zu einer Siedlerfamilie nach Monrovia gebracht werden sollte. Und so geschah es.

Ziehkinder in die Familie aufzunehmen, war unter den Siedlern zu dieser Zeit üblich. Es galt als schick und ehrbar, »Wilde« auf diese Art zu »zivilisieren«. Vor allem aber waren die Ziehkinder kostenlose Arbeitskräfte im mühsamen Haushalt oder im Nutzgarten. Viele der ersten Siedler waren zu alt, um noch genügend eigene Kinder zu erwarten. Unter den Amerikoliberianern und ihren Kindern war zudem die Sterberate immer noch hoch. Bei den indigenen Stämmen indes war es, wie in weiten Teilen Afrikas, durchaus üblich, Kinder an wohlhabendere Verwandte oder Dritte abzugeben, wenn man sich davon eine bessere Zukunft für die Kinder versprach. Und das war in den Städten der Siedler, vor allem in Monrovia, zweifellos der Fall. Johnson Sirleafs Vater genoss nicht nur eine gesicherte Ernährung und ärztliche Versorgung, sondern auch eine formale Ausbildung und den Erwerb der Bürgerrechte. Zur »Zivilisierung« gehörte auch, dass die Adoptivfamilie ihrem Ziehkind einen neuen Namen gab: aus Karnley wurde Carney, aus Jahmale Johnson. Carney Johnson musste hart arbeiten, aber er wurde gut behandelt. Misshandlungen musste er, anders als andere Ziehkinder, nach eigenen Angaben nie erdulden.

Auch die Mutter wächst als Ziehkind in Monrovia auf. Ihre Mutter, Ellen Johnson Sirleafs Großmutter, eine Marktfrau aus Greenville im Süden Liberias, verliebte sich in einen der deutschen Kaufleute, die Kaffee, Palmöl und andere Kolonialwaren in die Heimat exportierten. Gemeinsam hatten sie eine Tochter, Johnson Sirleafs Mutter. Doch im Ersten Weltkrieg wurde der Vater ausgewiesen; er kehrte nie zurück. Das hellhäutige Kind mit langen, gewellten Haaren wuchs im Haus einer prominenten liberianischen Siedlerfamilie, den Dunbars, auf. Ihre Pflegemutter, die selbst keine eigenen Kinder hatte, kümmerte sich um das Ziehkind, als wäre es die eigene Tochter. Die Tochter einer Marktfrau wuchs auf wie eine Siedlerin.

Auch das Leben, das Ellen Johnson Sirleaf bei ihren Eltern in Monrovia führt, unterscheidet sich in kaum einer Hinsicht von dem der amerikoliberianischen Elite. Die Eltern sind in der Gesellschaft angekommen, gehören dazu – obwohl sie hart arbeiten müssen, um sich und ihren vier Kindern ein komfortables Leben und eine gute Ausbildung zu ermöglichen. Von den Entbehrungen der Bevölkerungsmehrheit wächst die jugendliche Ellen zunächst geschützt auf.

Immer wieder erzählt die Mutter – selbst gläubige Christin – von dem Tag, als ein alter Mann kurz nach Ellens Geburt einen Blick auf die Neugeborene warf und vorhersagte: »Dieses Kind wird Großes vollbringen. Dieses Kind wird führen.« Obwohl die Geschwister sich oft über die angebliche Prophezeiung lustig machen – die junge Ellen ist ein Raubein, verbringt viel Zeit auf Bäumen und verursacht allerlei Missgeschicke –, vergisst sie niemand. Der Glauben an das Übernatürliche ist in Liberia mehr noch als in anderen westafrikanischen Gesellschaften etwas Selbstverständliches. Selbst heute sagt Ellen Johnson Sirleaf, trotz ihrer wissenschaftlichen Ausbildung frage sie selbst sich immer wieder einmal, ob es nicht doch Vorbestimmung gebe – und die Prophezeiung von einst Wirklichkeit werden musste.

Wirtschaftlich geht es in Ellens Kindheitstagen bergauf. Liberia boomt. Präsident William Tubman verkündet kurz nach seinem Amtsantritt 1944 eine »Politik der offenen Tür«, die ausländischen Direktinvestitionen Tür und Tor öffnen soll – ohne Auflagen. »Die Investitionen werden unsere natürlichen Ressourcen nutzbar machen, sodass Geld in Hülle und Fülle ins Land fließen wird«, sagt er voraus. Sägewerke und Kautschukplantagen entstehen. Vor allem aber wird mit dem Abbau von Eisenerz begonnen, das erst kurz zuvor in den Nimba-Bergen im Norden Liberias und an weiteren Stellen entdeckt worden ist. Die ausländischen Firmen investieren mehr als 500 Millionen US-Dollar im Land. Und die Geschäfte lohnen sich. Unter den Investoren herrscht Goldgräberstimmung.

Die *Liberian Mining Company* (LMC) etwa, gegründet von einem ehemaligen US-Soldat, erwirbt exklusive Schürfrechte für eins der wertvollsten Eisenerzvorkommen auf mehr als 1,21 Millionen Hektar Land in den Bomi Hills, nicht weit vom Dorf von Johnson Sirleafs Vater entfernt. Dafür zahlt der Unternehmer praktisch nichts: eine Gebühr von 100, später 250 US-Dollar im Monat, dazu 5 US-Cents pro Tonne exportierten Eisenerzes und ein ähnlich geringer Betrag, der nach ausgebeuteter Fläche berechnet wird. Innerhalb von knapp 25 Jahren exportiert LMC Eisenerz im Wert von geschätzt 540 Millionen US-Dollar. Die Regierung bekommt nicht einmal ein Fünftel davon an Steuern. Kein Wunder, dass der Umsatz des Unternehmens schon 1960 die Staatseinnahmen Liberias weit übersteigt.

Ähnlich stellt sich die Lage bei den Abholzungskonzessionen oder in der Plantagenwirtschaft dar. *Firestone* vereinbart als Pacht für die bald größte Kautschukplantage der Welt gerade einmal 15 US-Cents pro Hektar plus einem Prozent des Exportwertes – ein Traumgeschäft. Doch das Unternehmen geht noch weiter: Es macht der klammen Regierung ein Angebot, das sie nicht ausschlagen kann. *Firestone* gibt Liberias Regierung fünf Millionen US-Dollar Kredit und erhält im Gegenzug die Garantie über vier Prozent der Landesfläche, gut zehn Prozent des bebaubaren Landes überhaupt, für einhundert Jahre. Alle Unternehmen haben gemeinsam, dass sie ausschließlich Rohstoffe exportieren. Sie bauen keine verarbeitende Industrie auf, keine Infrastruktur. Viele asphaltieren nicht einmal Straßen und bauen keine Häuser für die Arbeiter. Ihre Arbeitskräfte sind generell ungelernte, schlecht bezahlte Gelegenheitsarbeiter, die die Drecksarbeit erledigen.

Präsident Tubman feiert seine Politik dennoch als Erfolg. Die Wirtschaft wächst in den Boomjahren bis zu den 60ern jährlich um bis zu 20 Prozent. Es ist Geld in der Staatskasse, und Tubman gibt es mit vollen Händen aus, vor allem für Prestigeprojekte und den extravaganten Lebensstil, den er und seine Clique pflegen. Profiteure des Booms sind über den engsten Kreis hinaus auch die Mitglieder der kleinen Elite in Monrovia, zu der Johnson Sirleafs Vater gehört. Zwar propagiert Tubman eine »Vereinigungspolitik«, die Indigene und Amerikoliberianer zusammenführen soll. Doch den Ankündigungen folgen keine Taten. Nach einem Putschversuch verstärkt sich zudem die Paranoia des zunehmend umstrittenen Präsidenten. Er lässt ein geheimdienstliches Überwachungssystem mit Blockwarten im ganzen Land aufbauen. Loyalitäten sichert er sich zudem mit massiver Korruption und einem bis dahin ungekannten Netzwerk aus Patronage und Nepotismus. Um ihre rapide steigenden Ausgaben zu decken, nimmt die Regierung immer mehr Schulden auf. Nach außen wird freilich weiterhin Tubmans Wirtschaftswunder-Republik gefeiert.

Während der Vater zu Beginn dieses Aufschwungs sein politisches Ziel verfolgt, Sprecher des Repräsentantenhauses zu werden, eröffnet Ellens Mutter, gelernte Englischlehrerin, eine Schule, die auch die eigenen Kinder besuchen. Für die presbyterianische Kirche, der sie anhängt, beginnt die Mutter außerdem als Wanderpredigerin im Hinterland zu arbeiten. Johnson Sirleaf erinnert sich gerne an die wenigen Male, die sie ihre Mutter auf den beschwerlichen Reisen zu Fuß oder im Kanu begleitet. Mit acht Jahren will die kleine Ellen zum ersten Mal vor einer Gemeinde eine Rede halten, bekommt vor lauter Lampenfieber aber kein Wort heraus. Die Mutter tröstet sie. Seitdem, sagt Johnson Sirleaf, sei sie bei öffentlichen Auftritten nie wieder so nervös gewesen.

Die Ferien verbringen die Kinder auf dem Land bei der Großmutter väterlicherseits. In ihren Erinnerungen feiert Johnson Sirleaf das einfache Leben, das sie dort als Kind monatelang genießen konnte. Sie lernt schwimmen und ein paar Worte Gola, weil die Großmutter kein Englisch spricht. Bei seinen seltenen Besuchen wird der Vater wie ein Held empfangen. Der Sohn des Clanchefs ist nun selbst ein »Big Man«, ein einflussreicher Mann geworden. Und dann, auf einmal, ist alles vorbei.

Anfang der 50er-Jahre erleidet Johnson Sirleafs Vater einen Schlaganfall, nach dem er halbseitig gelähmt bleibt. Die politische Karriere des einst so agilen, lebensfrohen Mannes ist damit abrupt beendet. »Vom einen auf den anderen Tag war von unserem jungen, dynamischen und mächtigen Vater nichts geblieben als die Hülle seiner selbst«, erinnert sich Ellen Johnson Sirleaf. Ihr Vater versinkt in Depressionen, glaubt daran, verhext worden zu sein. Ärzte im Liberia dieser Zeit können keine andere Erklärung liefern, geschweige denn eine Therapie. Während der Vater auf der Veranda des Hauses über sein Schicksal brütet, übernimmt die Mutter die schwierige Aufgabe, die Familie über Wasser zu halten. Am Abend backt sie Snacks, um sie am nächsten Tag auf dem Markt verkaufen zu lassen. Weil sie die Pflege ihres Mannes übernimmt, muss sie ihre bisherige Arbeit aufgeben. Zu diesem Zeitpunkt besucht Ellen noch die High School, das *College of West Africa*, die renommierteste Schule des Landes. Doch mit der politischen Karriere des Vaters enden nach und nach auch die Privilegien. Das geplante Studium, gar im Ausland, wie es ihre Klassenkameradinnen anstreben, ist auf einmal in weite Ferne gerückt. Ohne Verbindungen gibt es in Liberia keine Chance auf ein Stipendium. Für alles andere aber fehlt der Familie das Geld.

Im letzten Jahr auf der High School lernt Ellen Johnson Sirleaf ihren zukünftigen Mann kennen. James Sirleaf, von allen »Doc« genannt, ist gerade von einem Landwirtschaftsstudium in den USA zurückgekehrt. Er hat Pläne: Sein Ziel ist eine Position im Landwirtschaftsministerium. Vor allem aber hat er ein Auge auf Ellen geworfen. Mutter und Vater sind entsetzt. Sie zitieren den Mann zu sich und fordern von ihm, ehrbar zu bleiben. Je häufiger das Paar sich sieht, desto größer wird der Druck. 1956 macht Ellen Johnson Sirleaf ihren High School-Abschluss. Kurze Zeit später, sie ist 17 Jahre alt, heiratet sie. Anfang 1957, Ellen Johnson Sirleaf ist 18, kommt ihr erster Sohn James junior zur Welt. Ende desselben Jahres, am Silvestertag, folgt der zweite Sohn, Charles.

Die junge Familie muss sparen und wohnt bei Ellen Johnson Sirleafs Schwiegereltern. Sie selbst arbeitet von Anfang an mit, damit das Geld reicht. Erst jobbt Johnson Sirleaf als Sekretärin, dann hilft sie in der Buchhaltung einer Autowerkstatt aus. Mit diesem Job, sagt sie später, sei ihr Interesse an Zahlen und Finanzen geweckt worden – ein Interesse, das sie Zeit ihres Lebens nicht mehr verliert. Während ihr Mann am renommierten Booker Washington Institut außerhalb von Monrovia unterrichtet, bekommt Johnson Sirleaf zwei weitere Söhne. Bei der Hausarbeit hilft die erweiterte Familie des Mannes, die nicht weit entfernt einen Hof besitzt. Es ist eine harte Zeit, denn auf dem Land einen Haushalt zu führen bedeutet damals wie heute noch viel körperliche Arbeit: Feuerholz muss gesammelt, Wasser in Eimern aus dem Brunnen geschöpft und getragen werden. Felder müssen bestellt, gejätet, geerntet werden. Das alles ist Handarbeit, für die es – von helfenden Händen abgesehen – keine Unterstützung gibt.

Schließlich bekommt James Sirleaf seine ersehnte Stellung beim Landwirtschaftsministerium. Die Familie zieht zurück nach Monrovia. Dort aber beschleicht Johnson Sirleaf mit jedem Tag mehr eine bis dahin ungekannte Unruhe. Sie sieht Freundinnen von einst, die Karriere gemacht haben. Ihre beste Freundin, die in den USA studiert, besucht sie, die Mutter von vier Kindern, auf einem Heimatbesuch in Monrovia. Johnson Sirleaf fühlt sich wie eine Versagerin. Sie will mehr von ihrem Leben als Haushalt, Kinder und Gelegenheitsarbeit, doch ohne Geld fehlt ihr die Chance zum Aufstieg. Dann kommt der Zufall zu Hilfe.

Als ihr Mann ein Stipendium erhält, um in den USA seinen Master in Agrarwissenschaft zu machen, bewirbt sich Ellen Johnson Sirleaf um ein Regierungsstipendium. Ihre Chancen stehen schlecht: In Tubmans korruptem Regierungsapparat haben nur die Mächtigen oder Vermögenden eine Chance auf solche Zuwendungen. Johnson Sirleafs ältere Schwester hatte das Stipendium für eine britische Uni noch problemlos bekommen. Doch der Einfluss der Familie ist Geschichte, zumal der Vater inzwischen gestorben ist. Dennoch gibt Johnson Sirleaf nicht auf. Gemeinsam mit ihrer Mutter geht sie Klinken putzen, bittet, bettelt. Sie weiß, es ist ihre einzige Chance. Und sie bekommt sie. Gemeinsam mit ihrem Mann zieht Ellen Johnson Sirleaf im Herbst 1962 nach Madison, Wisconsin, um dort Betriebswirtschaft zu studieren. Die Kinder lässt das Paar in Monrovia bei den

Eltern zurück. Ihr jüngster Sohn ist da gerade einmal ein Jahr alt.

Johnson Sirleaf arbeitet hart für ihren Traum. Sie studiert Tag und Nacht, wenn sie nicht jobbt, um das Stipendium aufzubessern. Die Beziehung mit James Sirleaf wird unterdessen unerträglich. Seine extreme Eifersucht, so erinnert sie sich, hatte sich schon früh in der Beziehung gezeigt. Wenn ein anderer Mann sich aus seiner Sicht zu lange mit seiner Frau unterhielt, ging er nach Hause und erschien kurz darauf in seiner Militäruniform, um den vermeintlichen Rivalen einzuschüchtern. »Ich musste aufpassen, niemanden höflich anzulächeln, weil das seine Aggressionen wecken konnte«, sagt sie. Doch in dem Maße, in dem Ellen sich in Madison Unabhängigkeit erwirbt, verfinstert sich sein Verhältnis zu ihr. James Sirleaf beschimpft seine Frau und bedroht sie, vor allem, wenn er wieder einmal betrunken ist. Einmal bleibt Johnson Sirleaf zu lange bei einem Abendessen mit Freunden. Als sie nach Hause kommt, zieht Sirleaf seine Pistole und schlägt ihr mit dem Griff ins Gesicht. »Doc übte immer genug Gewalt aus, um mir weh zu tun, aber nie genug, um mich zu töten«, sagt sie heute.

Nach einem Jahr zieht ihr Mann zurück nach Monrovia, während Johnson Sirleaf weitere zwölf Monate in Wisconsin bleibt, um ihren Abschluss zu machen. In dieser Zeit spielt sie erstmals mit dem Gedanken an eine Scheidung. Doch nach ihrer Rückkehr winkt zunächst die Karriere: Johnson Sirleaf übernimmt die Leitung einer Abteilung im Finanzministerium, die für den Schuldendienst des Landes zuständig ist. Es ist eine Position, in der sie schnell mit der desaströsen Finanzlage im Land konfrontiert wird. Johnson Sirleaf geht in ihrer Arbeit auf; sie arbeitet von früh bis spät und nimmt sich für die Nacht oft noch Arbeit mit nach Hause. Die ehrgeizige Frau setzt sich in der männerdominierten Welt der Finanzen und Politik durch, erwirbt sich Respekt, steigt nach oben. Für ihren Mann ist das unerhört.

Immer häufiger kommt James Sirleaf betrunken nach Hause. Zweimal, erinnert sie sich, hält er ihr eine Pistole an die Schläfe. Die verbliebenen Freunde raten Johnson Sirleaf, sich scheiden zu lassen. Als ihr Mann erneut die Pistole auf sie richtet und der inzwischen achtjährige James junior dem betrunkenen Vater Moskitospray in die Augen sprüht, um ihn aufzuhalten, fasst Johnson Sirleaf ihren Entschluss. Sie zieht aus und lässt sich kurze Zeit später scheiden.

Während sie die Scherben ihres Privatlebens aufsammelt, erkennt sie, dass sie auch beruflich vor einem Trümmerfeld steht. Der Boom der frühen Tubman-Jahre ist vorbei. Die Rohstoffpreise auf dem Weltmarkt sind so stark abgesackt, dass die Einnahmen aus dem Kautschuk- und selbst dem Eisenerzexport dramatisch zurückgegangen sind. Das Einzige, das steigt, sind die Schulden: 1968, so Sirleaf, hat das Land 225 Millionen US-Dollar an Schulden angehäuft – fast doppelt so viel wie zu Anfang des Jahrzehnts. Die Ärmsten merken die Folgen der Krise zuerst. In den Slums wächst der Unmut über die Regierung, die sich selbst Luxustempel baut und in teuren Karossen umherfährt, während die Nahrungsmittelpreise steigen und Arbeit immer knapper wird. Tubman reagiert mit Repression: Er weitet die Arbeit seiner Geheimpolizei aus und statuiert Schauprozesse.

Wenn man Ellen Johnson Sirleafs Memoiren glauben schenken darf, dann sind es zwei Seiten, die ihre beispiellose Karriere im öffentlichen Sektor – innerhalb und außerhalb Liberias – Zeit ihres Lebens bestimmen. Auf der einen Seite sind es harte Arbeit, Tüchtigkeit, Unbestechlichkeit, allesamt

Tugenden einer fleißigen Staatsdienerin. Doch auf der anderen Seite ist sie den Herrschenden gegenüber immer wieder einmal ein Stachel im Fleisch, aufmüpfig, selbstbewusst und gar nicht obrigkeitsfürchtig. Johnson Sirleaf selbst bezeichnet ihre Konflikte mit Autoritäten immer wieder als naiv, doch das wäre zu einfach. Viel mehr scheint es, dass ihre Loyalität nicht der herrschenden Klasse, sondern einzig ihrer Nation und nicht zuletzt auch sich selbst gilt. Johnson Sirleaf übertreibt es selten, aber sie profiliert sich – Kritiker sagen, sie inszeniert sich. Sie sichert sich in alle Richtungen ab, gibt aber selbst die Richtung vor. Sie plant ihre Karriere und denkt dabei weiter voraus als alle anderen. Es ist ein Erfolgsmotiv, das sich durch ihr ganzes weiteres Leben zieht.

So etwa 1969, als Johnson Sirleaf eine Rede vor Vertretern des Harvard Instituts für Internationale Entwicklung hält. Anlass ist eine Konferenz zur wirtschaftlichen Zukunft des Landes, die die Ökonomen aus Harvard in Monrovia ausrichten. Johnson Sirleaf vertritt das Finanzministerium. Eigentlich, sagt sie heute, sei sie dafür zu jung und ihre Position zu unbedeutend gewesen. Doch Professor Gustav Papanek, einer der Organisatoren der Konferenz, will die junge Frau reden hören. »In meiner Erfahrung gibt es in den meisten Regierungen nur eine Handvoll von Leuten, die klug genug sind, um zu verstehen, wie die Volkswirtschaft wirklich funktioniert«, sagt er später. »Es gibt auch nur ein paar, die hart arbeiten und ebenso wenige, die ehrlich sind. Die Zahl derer, die alles drei auf sich vereinen, ist minimal, aber Ellen Johnson Sirleaf war eine von ihnen.«

In ihrer Rede wirft sie der Regierung Versagen vor – implizit (»Die Menschen müssen glauben, dass ihre Regierung ehrlich, effizient und ernsthaft bereit dazu ist, ihre Ressourcen für die Gemeinschaft auszugeben.«) und explizit. Sie spricht von einer Kleptokratie, einer Diebesherrschaft, die die Gesellschaft ihrer Reichtümer beraubt. Nach der Rede nimmt Papanek sie zur Seite und rät Johnson Sirleaf, das Land zu verlassen – so bald wie möglich. Er macht ihr ein Angebot, das sie nicht ablehnen kann: einen Studienplatz in Harvard, wo sie Verwaltungswissenschaften studieren soll. Johnson Sirleaf kehrt zurück in die USA.

Das Ende der 60er-Jahre ist eine Zeit des Umbruchs, selbst an der altehrwürdigen Hochschule. Gerade erst hat in Harvard das Institut für Afroamerikanische Studien eröffnet. Der Unabhängigkeit der meisten afrikanischen Staaten in den 60er-Jahren, dem »afrikanischen Jahrzehnt«, das Johnson Sirleaf in Liberia beinahe verschlafen hat, folgt der intellektuelle Aufbruch Afrikas und der schwarzen Amerikaner. Johnson Sirleaf demonstriert nicht, dafür nimmt sie ihr Studium zu ernst. Doch sie ist erstmals mit kritischen Analysen der Geschichte ihres eigenen Landes und der Vernachlässigung und Unterdrückung der Bevölkerungsmehrheit dort konfrontiert. In Harvards Bücherei findet sie Berichte zur Lage Liberias, die in Liberia selbst nicht zu bekommen sind. »In Harvard habe ich erstmals verstanden«, sagt sie heute, »dass Liberia nicht eine Nation von Siedlern ist, sondern eine afrikanische Nation.«

Am 23. Juli 1971 stirbt Liberias Präsident Tubman in London – nach 27 Jahren an der Macht. Johnson Sirleaf befindet sich zu diesem Zeitpunkt gemeinsam mit ihrer Schwester auf einem Schiff zurück nach Liberia. »Wir wussten: Alles könnte passieren, gut oder schlecht«, erinnert sie sich. »Überall in Afrika standen junge Leute auf und verlangten, gehört zu werden; die Benachteiligten forderten ihren Platz in der Gesellschaft.« Von einer wilden Zeit spricht

Johnson Sirleaf. Und auf einmal ist auch in Liberia alles offen.

Auf die Rückkehrerin wartet jedoch zunächst ein ungeahnter Karrieresprung. Sie soll stellvertretende Finanzministerin im Kabinett von Tubmans langjährigem Vizepräsidenten William Tolbert werden, der die Macht in Monrovia übernommen hat. Ihr Chef ist Tolberts Bruder Stephen, ein erfolgreicher Unternehmer. Der neue Präsident ruft eine Wende aus. Er besucht Slumbewohner und sichert ihnen ein subventioniertes Regierungsprogramm zum Häuserbau zu. Er schafft Tubmans Überwachungsprogramm ab, streicht Privilegien der Bürokraten und gründet ein Programm zur ländlichen Entwicklung. Das von Nahrungsmittelimporten abhängige Liberia soll sich selbst mit Essen, vor allem mit dem wichtigsten Grundnahrungsmittel Reis, versorgen können. Die Zeichen stehen auf Reform.

Doch es dauert nicht lange und das System schlägt zurück. Zu viele einflussreiche Siedlerfamilien haben von Tubmans mühsam austarierter Patronage profitiert. Sie sehen nicht ein, dass sie auf ihre Privilegien verzichten sollen – schon gar nicht zugunsten der indigenen Bevölkerung. Ein gutes Jahr nach ihrem Amtsantritt hält Johnson Sirleaf erneut eine Rede, die Aufsehen erregt – an ihrem ehemaligen College. Darin kündigt sie an, das Land stehe am Rand einer Krise. »Die Spannungen nehmen zu, wirtschaftlich, sozial, politisch.« Schon Liberias Gründer hätten – wie es auch in den USA geschah – ihre einstigen Prinzipien verraten: »Die Gründer, die eine kleine Elite vertreten, haben ihre Freiheiten nicht den Indigenen oder den Frauen zugestanden.« Die Studenten sind so begeistert von ihrer Rede, dass sie sie unerlaubt drucken und weiter verteilen. Johnson Sirleaf wird zum Präsidenten bestellt und entgeht nur knapp ihrer Entlassung. Aber sie wird kaltgestellt. Wichtige Entscheidungen treffen jetzt andere.

Obwohl sie stellvertretende Finanzministerin bleibt, trifft sie sich mit Oppositionellen. Zu ihnen gehören Albert Porte, ein radikaler Journalist und Lehrer, der seit Jahrzehnten gegen die Einparteienherrschaft der *True Whig Party* kämpft. Doch Johnson Sirleaf ist keine Revolutionärin, eher eine Reformerin. Sie will nicht protestieren, sie will gestalten, doch diese Chance ist ihr genommen. Im Frühjahr 1973 legt sie ihr Amt nieder und zieht nach Washington, um für die Weltbank zu arbeiten. Doch schon zwei Jahre später kehrt sie in ihre Heimat zurück.

Im April 1975 stirbt Finanzminister Stephen Tolbert bei einem Flugzeugabsturz vor Liberias Küste. Johnson Sirleaf wird von Präsident Tolbert gefragt, ob sie unter einem neuen Minister ihren Stellvertreterposten wieder annehmen möchte. Nach kurzer Bedenkzeit lässt sie sich von der Weltbank nach Monrovia abstellen und kehrt zurück. Dort hat sich die Proteststimmung weiter verschärft. Ein fingierter Prozess gegen Albert Porte sorgt für Aufregung, vor allem aber treiben steigende Nahrungsmittelpreise die Menschen auf die Straße. Oppositionsgruppen werden gegründet. Unter ihnen ist die *Bewegung für Gerechtigkeit in Afrika* (MO-JA), die von Togba Nah Tipoteh angeführt wird – einem Professor, der in Samuel Does Militärregime Wirtschaftsminister werden wird. Eine andere ist die von Exilliberianern in den USA gegründete *Progressive Allianz Liberias*, aus der später die *Progressive Volkspartei* hervorgeht.

Das Fass zum Überlaufen bringt schließlich der Plan der Regierung Tolbert, den Gipfel der *Organisation für Afrikanische Einheit* (OAU), einer Vorgängerorganisation der *Afrikanischen Union*, in Monrovia abzuhalten – ein horrend teures Unterfangen. Mehr als 100 Millionen US-Dollar, manche sprechen von weitaus mehr, werden für den Bau von Straßen und Bürgersteigen, die Anmietung eines Kreuzfahrtschiffs zur Unterbringung von Staatsgästen und den Bau des luxuriösen »Hotel Afrika« – mit einem Swimmingpool in Form des Kontinents – ausgegeben. Zeitgleich kündigt die Regierung an, die Subventionen für Reis kürzen zu wollen – ein 50-Kilo-Sack soll dadurch ein Drittel des durchschnittlichen Monatseinkommens kosten, ein Fünftel mehr als bisher. Für die Ärmsten, die sich außer Reis schon lange nichts mehr leisten können, ist das der Gipfel.

Im April 1979 brechen die ersten gewaltsamen Unruhen aus. Mehr als zehntausend Menschen folgen dem Aufruf der Oppositionsgruppen und versammeln sich zu einer ungenehmigten Demonstration in der Innenstadt Monrovias. Als sich die Masse in Richtung der Präsidentenresidenz aufmacht, schießt die Polizei in die Menge. Die *Rice Riots*, der Reisaufstand, toben bis zum nächsten Morgen. Offiziell kommen 41 Menschen ums Leben, doch unabhängige Beobachter sprechen von Hunderten Toten. Eine Untersuchungskommission, der auch Johnson Sirleaf angehört, macht später die Polizei für die Eskalation verantwortlich. Daraufhin lässt Tolbert mehrere verhaftete Oppositionsführer frei, doch er erhöht zugleich die Mittel für Polizei und Militär. Von Versöhnung und Reformen ist keine Rede mehr. Die Zeichen stehen jetzt auf Sturm.

Das afrikanische Gipfeltreffen findet wie geplant statt. Wenige Wochen später macht Tolbert Johnson Sirleaf zur neuen Finanzministerin. Doch seine Zeit läuft ab. Als die Opposition seinen Rücktritt fordert, verbietet Tolbert die gerade erst genehmigten Parteien und wirft die Oppositionsführer ins Gefängnis. Die Stimmung im Land bleibt angespannt, vor allem an den Hochschulen und unter den jungen Arbeitslosen in den Armenvierteln.

Am 12. April 1980 hallen Schüsse durch die Nacht. Zunächst weiß niemand in Monrovia, was geschehen ist.

Doch schon bald meldet sich im Radio ein Mann zu Wort, der Liberias Schicksal entscheidend prägen wird. Samuel Doe, ein 28 Jahre alter und bis dahin vollkommen unbekannter Soldat, hat in der Nacht mit nur sechzehn verbündeten Kämpfern die Präsidentenresidenz gestürmt und Tolbert in seinem Bett erschossen. Im Radio verkündet er die Machtübernahme seines »Nationalen Erlösungsrats«. Und er ruft die Vertreter des alten Regimes namentlich auf, sich zu stellen – auch Ellen Johnson Sirleaf.

Während andere Minister verhaftet werden, darf sie nach ihrem Antritt bei Doe am Abend nach Hause zurückkehren. Am Tag, so beschreibt sie selbst, wird sie von Doe immer wieder in sein Hauptquartier in den Baracken des Präsidentensitzes gerufen, um den Verantwortlichen des Militärregimes die Haushaltslage in allen Details zu erklären. In Monrovia herrscht unterdessen Anarchie. Soldaten rasen durch die Stadt und schießen wild um sich. Läden werden geplündert, Siedlerfamilien in ihren Häusern ermordet. Mit Doe steht erstmals in Liberias Geschichte ein Indigener an der Spitze des Staates. Wer zur Elite gehört, muss um sein Leben fürchten. Gegen andere Minister werden Schauprozesse veranstaltet, die nach einem Tag oder weniger mit einer Aburteilung enden. Johnson Sirleaf bleibt unbehelligt. Zehn Tage nach seinem Putsch lädt Doe Reporter und Öffentlichkeit an den Strand ein. Die abgeurteilten Ex-Minister der Tolbert-Regierung werden an in den Sand gerammte Pfosten gebunden, gedemütigt und schließlich erschossen. Augenzeugen berichten von einem grausamen Spektakel, bei dem betrunkene Soldaten ganze Munitionsgürtel verschießen mussten, bevor die Opfer tot zusammenbrachen. Die Leichen sind noch warm, als schon die nächsten angebunden und hingerichtet werden. Johnson Sirleaf überlebt als eine von nur vier ehemaligen Ministern.

Sie selbst schreibt, dass es womöglich ihr von Doe benötigtes Insiderwissen war, das sie rettete – und die Tatsache, dass sie die Regierung Tolbert oft genug öffentlich kritisiert hatte. Doe selbst erzählt später, er habe Johnson Sirleaf nur deshalb nicht erschießen lassen, weil ihre Mutter einst ihm und seinen durstigen Kampfgenossen einen Krug Wasser gegeben habe – eine Geschichte, an die sich Johnson Sirleafs Mutter nicht erinnert. Kritiker indes werfen ihr vor, schnell zu Doe übergelaufen zu sein oder sogar vom Putsch gewusst zu haben.

Trotz der martialischen Gewalt, die Doe am Strand von Monrovia vor laufenden Kameras demonstrieren lässt, wendet sich Johnson Sirleaf jedenfalls nicht von Doe ab. Während ihre Schwester flieht, lässt sie sich zur Präsidentin der Liberianischen Entwicklungsbank küren. »Ich versuchte mit aller Kraft, die Situation zum Guten zu wenden«, sagt sie heute. »Ich dachte, von innen heraus könnte ich mehr verändern als von außen.« Doch es dauert nicht lange, bis klar wird, wie die Revolution im Namen des Volkes zugunsten einer neuen Elite missbraucht wird. Gier und Gewalt sind die Markenzeichen von Does Militärregierung, der auch einige Zivilisten angehören. Doe gibt nicht einmal vor, eine politische Agenda zu verfolgen. Ihn retten alleine die USA. Die Reagan-Regierung unterstützt Doe mit dreistelligen Millionenbeträgen, um Liberia zum Bollwerk gegen die in Westafrika einflussreiche Sowjetunion auszubauen. In den 80ern erhält Does Regime jährlich 400 Millionen US-Dollar Entwicklungshilfe – so viel wie kein anderes afrikanisches Land. Zeitgleich machen US-Spezialeinheiten aus Does undisziplinierten Soldaten eine schlagkräftige Armee.

Als die Lage zunehmend eskaliert – auch weil Johnson Sirleaf Doe öffentlich kritisiert – zieht sie die Reißleine. Sie veranlasst die Weltbank, sie zurückzurufen – schließlich ist sie offiziell immer noch nur nach Monrovia abgestellt. Im Dezember 1980, acht Monate nach dem Putsch, landet Ellen Johnson Sirleaf in Washington, wo drei ihrer Söhne bereits auf sie warten. Aber schon nach einem Jahr kehrt sie zurück nach Afrika – diesmal auf die andere Seite des Kontinents, nach Ostafrika.

Nicht nur im Vergleich zu Monrovia ist Nairobi eine echte Metropole. Kenias Hauptstadt ist schon in den Achtzigerjahren ein internationales Drehkreuz für humanitäre Helfer, Diplomaten und Geschäftsleute. Kenias autokratischer Präsident Daniel arap Moi ist ein Freund Amerikas und ein Freund der freien Wirtschaft. Von hier aus soll Ellen Johnson Sirleaf sich als erste afrikanische Vizepräsidentin der Citibank um das Geschäft in den aufstrebenden Ländern Ost- und Zentralafrikas kümmern. In Liberia fällt unterdessen das Doe-Regime auseinander. Doe lässt missliebige Widersacher aus den eigenen Reihen hinrichten, andere – unter ihnen viele Führer der Opposition gegen Tolbert – fliehen.

Johnson Sirleaf verliert Liberia nicht aus den Augen. Wenn sie in Monrovia ist, stattet sie Doe einen Besuch ab. Sie selbst schreibt, er habe ihr auf eine seltsame Art vertraut. »Einmal habe ich ihn angesehen und ihm gesagt: General Doe, Sie haben den Menschen so viel versprochen, und Sie halten diese Versprechen nicht«, erinnert sie sich. »Und Doe antwortete brüsk: Einen Scheiß habe ich ihnen versprochen.«

1985 ist Wahljahr in Liberia. Unter internationalem Druck löst Doe seinen Erlösungsrat auf und lässt Parteien zu. In einer Volksabstimmung wird mit großer Mehrheit eine neue Verfassung angenommen. Diesmal gesteht sie auch den indigenen Liberianern Rechte zu und garantiert demokratische Wahlen. Doch Doe lässt keinen Zweifel daran, dass er an der Macht bleiben will. Er wird über Nacht zwei Jahre älter, um das erforderliche Mindestalter für die Präsidentenwahl zu haben. Die neue Wahlkommission besetzt er ausschließlich mit loyalen Anhängern. Gleichzeitig erlässt er ein Gesetz, das die Verbreitung von Lügen oder Gerüchten mit hohen Gefängnisstrafen belegt – eine vorsorgliche Generalklausel für alle, die Doe gefährlich werden könnten.

Trotz der Vorzeichen und ihrer Anstellung entscheidet sich Johnson Sirleaf erneut für eine Kandidatur. Sie gründet die *Liberianische Aktionspartei* (LAP), für die sie als Vizepräsidentin antreten will. Vom Gründungsparteitag aus fliegt sie weiter in die USA, um eine Rede vor Exilliberianern zu halten. Wieder wählt sie deutliche Worte: Liberia werde von Idioten regiert, wettert sie. Zurück in Monrovia, wird Johnson Sirleaf wegen ihrer Rede unter Hausarrest gestellt. Sie bleibt nicht die einzige unfreie Oppositionspolitikerin. Kurze Zeit später lässt Doe einen der prominentesten Oppositionsführer, Amos Sawyer, verhaften – angeblich wegen eines Putschversuchs. Als sich Studenten mit Sawyer solidarisieren, lässt Doe die Universität stürmen. Augenzeugen berichten, wie schwerbewaffnete Soldaten Studenten die Kleider vom Leib reißen, sie misshandeln, vergewaltigen oder vor den Augen ihrer Kommilitonen erschießen. Mindestens fünfzig Studenten kommen ums Leben.

Als Doe Johnson Sirleaf in das berüchtigte Militärgefängnis von Monrovia werfen und schließlich wegen Volksverhetzung anklagen lässt, wächst der internationale Druck auf das Regime. In ihrer winzigen Zelle, die Johnson Sirleaf mit einer Studentin teilt, bekommt sie nicht mit, wie sich auf Betreiben von Citibank und Weltbank schließlich der US-Kongress mit dem Fall Johnson Sirleaf befasst. Die beiden

Frauen haben keine Möglichkeit, Nachrichten zu verfolgen und sind vom restlichen Geschehen des Gefängnisses isoliert. Einmal am Tag bringt ein Wärter Reis – eine andere Unterbrechung gibt es nicht. Zeitungen berichten unterdessen über Johnson Sirleafs Verhaftung. Präsident Reagan stoppt die Auszahlung von 25 Millionen US-Dollar, die als Hilfe für Liberia bestimmt sind. In Liberia sammeln Aktivistinnen mehr als 10.000 Unterschriften für die Freilassung Johnson Sirleafs.

Schließlich beginnt die Verhandlung vor dem Militärtribunal. Jeden Tag wird sie zu Fuß durch die Stadt vom Gefängnis bis zum Obersten Gerichtshof auf dem Kapitolshügel getrieben. An den Straßen, so erinnert sich Johnson Sirleaf, standen jeden Tag wieder Unterstützer, die ihr zujubelten. Das Militärgericht ist unbeeindruckt. Nach einer kurzen Verhandlung verurteilen die Richter Johnson Sirleaf zu zehn Jahren Zwangsarbeit im berüchtigtsten Gefangenenlager des Landes. Zwei Wochen hängt das Urteil wie ein Damoklesschwert über der Verurteilten. Dann spricht Doe eine Begnadigung aus, nicht ohne zuvor sicherzustellen, dass die von Johnson Sirleaf mitgegründete Partei ihre Kandidatur zurückgezogen hat.

Es sind noch zwei Wochen bis zur Wahl. Johnson Sirleaf stürzt sich in den Wahlkampf, obwohl sie ihren Spitzenplatz verloren hat. Sie kandidiert nur als Senatorin. Die Citibank hat ihren Vertrag gekündigt, weil die Bank politisches Engagement nicht erlaubt. Does Aufforderung, das Land zu verlassen, will sie nicht folgen. Der Wahltag selbst läuft ruhig ab. Zeitungsreporter von damals berichten, wie Hunderte Liberianer sich geduldig in lange Reihen stellen und stundenlang in der brütenden Sonne warten, um ihre Stimme abzugeben. Danach warten alle auf das Ergebnis. Doch die von Doe eingesetzte Wahlkommission lässt sich Zeit. Wahlbeobachter berichten, wie Wahlzettel auf dem Land verbrannt werden. Fotos machen die Runde. Johnson Sirleaf behauptet bis heute, ihre Partei habe die Wahl mit mindestens sechzig, vermutlich siebzig Prozent der Stimmen gewonnen. Doch das offizielle Ergebnis sieht anders aus. 50,9 Prozent sichern Doe die erforderliche Mehrheit im ersten Wahlgang, sind aber gleichzeitig nicht so hoch gegriffen, dass sie unrealistisch wirken. Does Partei sichert sich zudem die große Mehrheit der Sitze im Senat. Unter den wenigen Oppositionellen, die ebenfalls zu Senatoren gewählt werden, ist auch Johnson Sirleaf. Ihr Einspruch gegen das Wahlergebnis bleibt folgenlos. In der Konsequenz weigert sie sich, ihren Senatorensitz anzunehmen.

Wenige Wochen später bricht in Liberia die Hölle los. Am frühen Morgen des 12. November 1985 versucht eine kleine Gruppe von Soldaten, unter ihnen einer der 17 Tolbert-Putschisten, einen Putsch gegen Doe. Die Putschisten nehmen die Radiostation ein und verbreiten die Nachricht, Doe sei gestürzt worden. In kürzester Zeit wird auf den Straßen gefeiert. Menschen tanzen und singen ausgelassen. Thomas Quiwonkpa, Anführer der aktuellen Putschisten, gilt als moderat. Doch die Feiern werden jäh unterbrochen, als Does Stimme aus den Radios schallt. »Ich nehme die Gelegenheit wahr, der Nation mitzuteilen, dass der Putsch gescheitert ist«, teilt er kühl mit. Die Freude weicht Entsetzen. Straßenkämpfe brechen aus. Doe gewinnt die Auseinandersetzung. Am Abend des gleichen Tages lässt er Johnson Sirleaf als Drahtzieherin des Putsches verhaften.

Sie selbst weist bis heute zurück, den Putsch unterstützt zu haben, räumt aber ein, von entsprechenden Vorbereitungen in Sierra Leones Hauptstadt Freetown gewusst zu haben.

Doch Johnson Sirleaf kommt nicht dazu, sich zu erklären. Sie erlebt die schrecklichsten Stunden ihres Lebens. Soldaten sperren sie in eine Einzelzelle, nachdem sie ihr zuvor mehrfach gedroht haben, sie zu erschießen. Männer, die in der Zelle nebenan eingesperrt sind, werden mitten in der Nacht von Soldaten an den Strand getrieben. In der Ferne hört Johnson Sirleaf Schüsse. Sie ist sicher, die Nacht nicht lebend zu überstehen. Immer wieder kommen die Soldaten zu ihrer Zelle, drohen ihr, beschimpfen sie, drohen, sie zu vergewaltigen. Ihre Peiniger verlangen von Johnson Sirleaf, ihren Senatssitz anzunehmen und damit implizit die Wahl Does anzuerkennen. Sie weigert sich trotz aller Drohungen. Zum Schluss landet sie in ihrer alten Zelle im Militärgefängnis, entgeht nur knapp einem Todesurteil. Andere haben nicht so viel Glück. Die Zahl der Opfer in den Tagen nach dem Putschversuch wird auf mehr als 2.000 geschätzt.

Nach neun Monaten in Haft wird Johnson Sirleaf erneut begnadigt. Doch sie steht unter permanenter Bewachung. Eines Tages spricht der Vorsitzende von Does Partei sie an. »Du verlässt besser das Land. Schnell. Denn sie planen, wie sie dich los werden können.« Johnson Sirleaf plant ihre Flucht. Ein Privatflugzeug bringt sie am Hochzeitstag ihres Sohnes in die Elfenbeinküste. Von dort fliegt sie weiter nach New York, wo sie im September 1986 landet.

Ellen Johnson Sirleaf zieht es zurück in die Privatwirtschaft. Im Gefängnis, sagt sie später, habe sie gemerkt, wie sehr es ihr geholfen habe, einen professionellen Hintergrund zu haben und nicht »nur« Politikerin zu sein. Jetzt will Johnson Sirleaf wieder Bankerin sein. Sie übernimmt einen Führungsposten bei der Equator Bank, die zur Großbank HSBC gehört. Doch Liberia lässt sie nicht los. Gemeinsam mit anderen Exilanten gründet Johnson Sirleaf die *Association for*

Constitutional Democracy in Liberia (Vereinigung für konstitutionelle Demokratie in Liberia, ACDL). Ziel der Bewegung ist es, die US-Regierung, die nach wie vor hinter Doe steht, zu einem Politikwechsel zu bewegen. Auch sonst soll der Druck auf Doe erhöht werden. Doch nichts geschieht.

Dann, 1989, hört die Gruppe von Vorbereitungen zu einer Rebellion gegen Doe. Charles Taylor, der nach dem Putsch gegen Tolbert zunächst mit Doe zusammengearbeitet hatte, dann aber wegen der angeblichen Veruntreuung von einer Million Dollar in die USA flieht, baut gerade eine Rebellenarmee auf. Die Meinung bei den Exilanten ist geteilt: Soll man Taylor bei seinem Vorhaben unterstützen oder nicht? Ellen Johnson Sirleaf spricht sich dafür aus. »Das war die größte Verirrung meines Lebens«, sagt sie heute. Doch damals setzt sie ihre Hoffnung auf den charismatischen, jungen Rebellenführer, den sie selbst einmal kurz in Monrovia getroffen hat. Er soll schaffen, was sie mit demokratischen Mitteln nicht erreicht hat: Doe abzusetzen.

Am Heiligen Abend 1989 nehmen Taylor und gut 250 Rebellen die Stadt Butuo an der Grenze zur Elfenbeinküste ein. »Überall lagen Leichen, wer überlebt hatte, versteckte sich im Busch«, erinnert sich Roosevelt Myers, ein Lehrer aus der Stadt. »Wir hörten Maschinengewehrfeuer, überall.« Gut einhundert liberianische Soldaten sind in Butuo stationiert. Keiner von ihnen überlebt den Angriff der Rebellen, die in Burkina Faso und Libyen für diesen Tag trainiert haben. Die Rebellen plündern die Stadt, dann zünden sie mehr als 600 Häuser an und ziehen sich zurück in den Busch. Liberias Bürgerkrieg hat begonnen.

3. Nichts als Gewalt und Tod

Leymah Gbowees Leben im liberianischen Bürgerkrieg

Leymah Gbowee ist 17 Jahre alt, als sie Ellen Johnson Sirleaf im Radio hört. Charles Taylor marschiert mit seinen Truppen vom Norden auf die Hauptstadt Monrovia zu und fordert Does Rücktritt. »Ich bin der Präsident Liberias«, erklärt Taylor. Johnson Sirleaf, die zu diesem Zeitpunkt mit Taylor sympathisiert und in den USA Geld und Unterstützung für ihn sammelt, gibt der BBC ein Interview, das Kritiker ihr später immer wieder vorhalten werden. »Wenn Taylor den Präsidentenpalast zerstören muss, um Doe zu vertreiben, bauen wir ihn halt wieder auf«, meldet sie sich aus dem amerikanischen Exil. Und auf die Frage, was passieren wird, wenn Taylor den Krieg gewinnt, antwortet sie: »Bald ist der 26. Juli, dann werden wir Champagner trinken.« Der 26. Juli ist Liberias Unabhängigkeitstag.

Doch während Johnson Sirleaf in Gedanken schon beim Feiern ist, ist der jungen Leymah zum Heulen zumute. Für sie beginnt an diesem Abend der Zusammenbruch der Welt, in der sie aufgewachsen ist. Keine heile Welt, so viel steht fest. Aber auf jeden Fall das, was man geordnete Verhältnisse nennen kann.

Leymah Gbowees Eltern kommen aus ärmlichen Familien vom Land: Ihr Vater stammt aus der Region Bong im Zentrum Liberias. Er wuchs in einer Missionsstation auf, nachdem sein Vater als Gastarbeiter ins heutige Äquatorial-Guinea ausgewandert war und seine Mutter wegen Hexerei

geächtet wurde. Später machte er eine Ausbildung zum
Funktechniker an einem 1929 mit US-amerikanischer Hilfe
gegründeten Polytechnikum.

Ebenso wie ihr Vater, so stammt auch Leymahs Mutter
aus einer zerrütteten Familie: Deren Mutter verließ Mann
und Tochter, als Leymahs Mutter erst fünf Jahre alt war. Ihr
Vater verfiel in Depressionen; als sie neun war, starb er. Leymahs Mutter wuchs bei ihrer Tante auf, bis sie mit 17 zum
ersten Mal schwanger wurde.

Das Paar – er ist zehn Jahre älter als sie – arbeitet sich
gegen alle Widrigkeiten nach oben: Die Mutter studiert
Pharmazie, arbeitet zunächst in Apotheken und dann im
Krankenhaus. Abends verkauft sie Selbstgebackenes auf dem
Markt, um die Familienkasse aufzubessern. Später, als sie sich
vor allem um den Haushalt und ihre fünf Töchter kümmern
muss, hilft sie als Hebamme in der Nachbarschaft aus. Ley-
mah Gbowees Vater bekommt schließlich eine gut bezahlte
Anstellung beim liberianischen Geheimdienst. Nach dem
Militärputsch von Samuel Doe muss er für neun Monate ins
Gefängnis. Im Elternhaus heißt es, der Vater sei verreist.
Nach seiner Rückkehr ist das Thema abgeschlossen. Der
Vater bekommt die alte Stelle zurück, über seine Verhaftung
verliert er kein Wort.

Langsam, aber stetig steigt Gbowees Vater in der Hierarchie
auf und ist schließlich zuständig für den Kontakt zu den
USA, Liberias engstem Verbündeten. Doe hat kubanische
Militärberater aus dem Land geworfen, im Kalten Krieg ein
deutliches Signal. Die Reagan-Regierung schickt im Gegen-
zug eine Hundertschaft der Elitetruppe *Green Berets* ins
Land und später ein Team aus Wirtschaftsberatern, die
Doe helfen sollen, die immensen Staatsschulden von 1,3
Milliarden US-Dollar zu tilgen. Der korrupte, grausame

und größenwahnsinnige Diktator Doe lässt die Amerikaner walten, im Gegenzug halten sie ihm die Treue. Die militärische Omega-Funkanlage, die Leymahs Vater bedient, ist in Westafrika, wo die Sowjets erheblichen Einfluss haben, von strategisch großer Bedeutung, sie verfolgt alle Schiffsbewegungen auf dem Atlantik. Die Navy unterhält einen eigenen Hafen, die Air Force hat unbeschränkten Zugang zu Liberias Flugfeldern. Eines davon, Roberts Field, ist als Notlandebahn für das Space Shuttle ausgebaut worden und eine der längsten Landebahnen des Kontinents. Beide Flughäfen sind in den Planungen der US-Militärs dafür vorgesehen, einen eventuellen Schlag gegen Libyens Staatschef Muammar al-Gaddafi durchzuführen. Eine Sendestation für die *Voice of America* strahlt zudem von Monrovia Propaganda für ganz Westafrika aus.

Von all dem bekommt die jugendliche Leymah nichts mit, auch, weil der Vater nicht über seine Arbeit spricht. Beide Eltern aber schuften hart, um ihren gehobenen Lebensstandard zu ermöglichen. Die siebenköpfige Familie lebt in einem Steinhaus mit Wellblechdach, sie hat Fernsehen, ein Badezimmer und eine Küche im Haus – alles keine Selbstverständlichkeiten. Die Old Road nahe dem Stadtflughafen von Monrovia ist beileibe keine Gartenstadt, aber auch kein Slum. Entlang der ungeteerten Straße lebt die liberianische Mittelschicht. Die Kinder, die auf der Straße toben, sind ordentlich gekleidet und genährt. Man kennt sich, hilft sich, passt aufeinander auf.

In ihrer Kindheit und Jugend lernt Leymah Monrovia als eine moderne, attraktive Stadt kennen. Das John-F.-Kennedy-Krankenhaus etwa gilt in den 70er-Jahren als eines der modernsten Hospitäler Westafrikas, die Universität von Liberia hat einen guten Ruf. Der protzige Freimaurertempel, der Präsidentenpalast, der Kapitolshügel – Monrovia, damals mit einigen Hunderttausend Einwohnern, hat für die Teenagerin das großstädtische Flair unbegrenzter Möglichkeiten. Großes Vorbild sind die USA. Im Fernsehen laufen Dallas und der Denver-Clan. Basketball ist Liberias Nationalsport, Leymahs Familie Fan der L.A. Lakers. Die Töchter besuchen teure Privatschulen und sollen – wie auch Leymah – aufs College geschickt werden. Am Nachmittag besuchen die Kinder Schwimmstunden oder sind bei den Pfadfindern aktiv, so wie die Sprösslinge aus Monrovias Oberschicht. Leymahs Vater besitzt sogar ein Auto, einen alten Peugeot.

Als der Bürgerkrieg beginnt, hat die schlanke, attraktive Leymah mit dem langen, zu Zöpfen gebundenen Haar gerade die High School beendet. Von ihren Freunden wird die junge Frau »Red« (Rot) gerufen, wegen ihrer vergleichsweise hellen Haut. Die gewissenhafte, ambitionierte und kluge Schülerin träumt von einer Zukunft als Ärztin – auch deshalb, weil sie als Kind oft krank gewesen ist und viel Zeit im Hospital verbringen musste, wo sie wegen Malaria, Cholera und anderen Krankheiten behandelt wurde. In der High School hat Leymah nicht nur einen guten Abschluss erreicht, sie hat auch ihre Schüchternheit überwunden. Als Schülervertreterin hält sie Reden, besucht andere Schulen, wird in die Ehrenliste der Schule aufgenommen. Nebenher engagiert sie sich in der Kirche. Die Eltern sind stolz auf ihr Musterkind.

In ihrer Autobiografie erinnert Leymah Gbowee die große Abschlussfeier im Elternhaus als einen der wenigen Momente, in dem ihre Eltern glücklich scheinen. Ansonsten ist die Ehe zerrüttet. Ihr Vater betrügt die Mutter und geht am Wochenende auf Sauftour. Immer wieder ist von Scheidung die Rede. Wenn die Eltern sich besonders heftig streiten, flüchten die Kinder zur Tante, bei der die Mutter aufgewachsen ist. Leymah erinnert sich daran, wie ihre Mutter ihr sagt: Mann, das buchstabiert man H – U – N – D. Und dass sie nie kennengelernt habe, was Liebe ist. Leymahs Mutter ist verbittert und wird mit zunehmendem Alter immer aggressiver. Sie schlägt Leymah und ihre Schwestern mit dem Rohrstock oder der blanken Hand. Scheiden lässt die Mutter sich jedoch nicht, wegen der Kinder. Sie will nicht, dass ihre Töchter elternlos aufwachsen müssen wie sie. Nach außen wahrt die Familie also den Schein. Die Nachbarn sehen eine erfolgreiche, glückliche Familie. In Leymah Gbowees Elternhaus ist zudem immer etwas los: Ob Verwandte aus dem Dorf des Vaters, ihre Kinder, Freunde, Bekannte, Arbeitskollegen – ständig ist jemand zu Besuch. Manche der Landkinder bleiben der Tradition gemäß Monate oder Jahre, um in der Hauptstadt zur Schule gehen zu können. Dafür müssen sie im Haushalt helfen oder andere Aufgaben übernehmen.

Im Frühjahr 1990 nimmt Leymah Gbowee ihr Studium auf. Zeitgleich ziehen die Eltern in ein kleineres Haus in Paynesville am Stadtrand, nicht weit entfernt von der militärischen Sendeanlage. Mit Leymah ist nun auch die zweitjüngste Tochter flügge, nur das Nesthäkchen, die fünf Jahre jüngere Fata, geht noch zur Schule. Die Eltern wollen in Paynesville ihren Lebensabend vorbereiten. Die Mutter bewirtschaftet in der schon fast ländlichen Gegend fernab der Hauptstraßen den Garten. Es ist ein Idyll, das Leymahs Eltern sich gönnen, die Belohnung für ein Leben harter Arbeit.

Doch für Idyllen ist in Liberia 1990 kein Platz mehr. Charles Taylor und seine Truppen rücken stetig weiter nach Süden vor. Die Menschen verbringen Stunden an ihren Transistorradios, um keine Nachricht zu verpassen. Dazu kommen die

Gerüchte, die durch Monrovia ziehen. Es sind die frühen Neunziger, es gibt kein Internet, keine Handys, und die wenigsten Liberianer haben einen Telefonanschluss. Gerüchte sind eine der wichtigsten Informationsquellen – und die Berichte, die Leymahs Familie aus dem Norden erreichen, sind beunruhigend. Nicht die Rebellen, sondern vor allem die Regierungstruppen gehen mit brutaler Gewalt gegen die Angehörigen der Gio- und Mano-Ethnien vor, weil viele von ihnen Taylor unterstützen. Diejenigen, die flüchten können, berichten von Massenmorden. Ganze Dörfer werden niedergebrannt, Frauen willkürlich vergewaltigt. Kinder werden in Brunnen ertränkt.

Die Berichte sind fast zu grausam, um sie zu glauben. Leymahs Vater lässt ohnehin keine Kritik an der Regierung zu, tut die Gerüchte als Propaganda ab. Doch in der Bevölkerung wächst der Hass auf Doe schon seit Jahren. Viele trauen ihm schlicht alles zu. Wer nicht zu Does Ethnie, den Krahn gehört, muss schon seit Langem mit Schikane rechnen. Jetzt packen viele Skeptiker ihre Koffer und flüchten aus der Hauptstadt – ins Nachbarland Sierra Leone etwa. Wer die Möglichkeit dazu hat, flieht in die USA. Leymahs Familie bleibt. Die Aufsteiger aus dem Zentrum des Landes haben weder das nötige Geld noch die Kontakte der Oberschicht. Als Angehörige der Kpelle-Ethnie sind sie zudem von den ethnischen Auseinandersetzungen nicht direkt betroffen. Leymah vertraut ihrem Vater und hofft, dass Taylors Aufstand bald niedergeschlagen wird. Doch die Hoffnung lässt nach, als wenige Wochen später die Familie von Leymahs Mutter vor der Tür steht, vertrieben durch die Kämpfe in der Heimat.

Eines Morgens zerreißen auch in Paynesville Schüsse und die Detonationen von Granaten den Alltag. Tagelang bleibt Leymah eingeschlossen im Haus der Eltern, gemeinsam mit den vertriebenen Verwandten, ihrer kleinen Schwester, Freunden und Bekannten. Das Schicksal von Vater, Mutter und den älteren Geschwistern ist ungewiss. Sie waren vor dem Angriff zur Arbeit gegangen wie an jedem Tag. Von Vorüberziehenden hören die Eingeschlossenen, dass Does Truppen auf den großen Straßen patrouillieren. Wer aus dem Norden Liberias stammt, wird an den Straßensperren erschossen. Eine nächtliche Ausgangssperre wird erlassen. Auf einmal herrscht Krieg.

Leymah Gbowee erinnert sich bis heute an das Gefühl, das damals in ihr aufstieg. Es sei keine Angst gewesen, sagt sie, sondern blanke Wut. Auf einmal ist sie für alles verantwortlich: für die Gäste im Haus, für die kleine Schwester, für ihre Nichten. »Ich erinnere mich bis heute kaum an Details in dieser einen Woche«, sagt sie. »Aber ich bin innerhalb von Stunden vom Kind zur Erwachsenen geworden.« Als die Mutter und die älteste Schwester nach sechs Tagen wilder Flucht nach Hause kommen, humpelnd und erschöpft, ist Leymahs Welt bereits eine andere. Die Nachrichten aus der Hauptstadt sind düster. Soldaten plündern ganze Stadtviertel. Willkürliche Erschießungen sind an der Tagesordnung, die Leichen verrotten am Atlantikstrand. Der Gestank von Verwesung und abgebrannten Häusern liegt über der Stadt. Als der Vater überraschend einen Wagen schickt, um die Familie auf den vermeintlich sicheren Kirchhof der lutherischen St.-Peter-Kirche zu evakuieren, bleibt beinahe alles zurück. Das nächste Mal, als Leymah das Elternhaus sieht, ist es komplett ausgeräumt. Selbst die Teppiche sind vom Fußboden gerissen, Lampen aus ihren Verankerungen gehebelt worden.

Es ist im Pfarrhaus von St. Peter, wo Leymah Gbowee das Radiointerview mit Ellen Johnson Sirleaf hört. Draußen rattert konstantes Gewehrfeuer. Immer wieder schreien Menschen in Todesangst auf, dann folgt eine bedrückende Stille. Während Does Truppen Monrovia in eine Hölle verwandeln, nehmen die Rebellen die Hauptstadt in die Zange. Aus der einen Richtung marschiert Taylor auf die Stadt zu, auf der anderen Seite droht zudem ein abtrünniger Ex-Kommandeur Taylors, Prince Johnson, mit der Einnahme. Jeder plant seinen eigenen Völkermord: Does Truppen töten an den Straßensperren jeden, der ein Gio oder Mano aus dem Norden zu sein scheint. Johnson und Taylor nehmen die Krahn ins Visier, Does eigenen Stamm, den er seit seiner Amtsübernahme offen protegiert hat. Auch die Mandingo, Muslime, von denen einige zu Does Unterstützern gehören, werden von Taylors Truppen willkürlich niedergemetzelt. Taylor, der Waffen aus Burkina Faso und der Elfenbeinküste erhält, bewaffnet jeden, der gegen die Regierung ist. Er verschleppt Kinder, die jüngsten gerade einmal sechs Jahre alt. Alle Kriegsparteien rekrutieren Kinder, aber niemand geht so abgebrüht dabei vor wie Charles Taylor. Der Rebellenführer lässt den Kindern Waffen geben. Viele müssen ihre eigenen Eltern oder die Dorfältesten erschießen, um zu überleben. Damit schneidet Taylor ihnen den Rückweg in ein normales Leben ab. Zudem setzt er die Kinder unter Drogen – Klebstoff, Alkohol, Opium, Amphetamine, Crack – und lässt sie mit Amuletten und »Zaubertränken« ausrüsten, die sie angeblich unbesiegbar machen. Die derart aufgeputschten *Small Boys Units* gehören zu den gefürchtetsten Einheiten im Bürgerkrieg. Für »Papa« Charles Taylor sind sie bereit, alles zu tun. Sie morden, foltern, vergewaltigen.

Liberia versinkt im Chaos. Wer bewaffnet ist, macht weitgehend, was er will. Während Behörden und Schulen schon lange geschlossen haben, der Strom ausfällt und Lebensmittel immer schwerer zu bekommen sind, ziehen Soldaten nachts durch die Stadt und plündern, was sie bekommen können. Wenn ein Markt überfallen wurde, verkaufen Soldaten am nächsten Morgen die geplünderten Lebensmittel offen zu horrenden Preisen an die hungernde Bevölkerung. Leymah Gbowee lebt in ständiger Todesangst. Sie erinnert sich, wie Regierungssoldaten auf offener Straße auf zwei Teenager schossen, nur weil sie rote T-Shirts trugen – angeblich die Farbe der Rebellen. Leymah geht nur wenige Meter hinter ihnen, als es passiert. Einer der Jungen ist sofort tot. Es ist das erste Mal, dass sie sieht, wie ein Mensch getötet wird. Später wird ein alter Mann erschossen, weil Gbowees Mutter ihm einen Becher Reis geschenkt hatte. Das Hauptnahrungsmittel der Liberianer ist inzwischen so teuer, dass es »Goldstaub« genannt wird. Der Soldat, der den Bettler hinrichtet, hält es deshalb für bewiesen, dass der Reis von den Rebellen stammt.

In St. Peter, wo sich mittlerweile mehr als 2.000 Vertriebene drängen, beten die Menschen. Leymah Gbowee ist Messdienerin in der Gemeinde, seit sie zehn Jahre alt ist. Doch die ständige Angst vor dem Tod und immer neue Schreckensnachrichten erschüttern ihren Glauben. Als am 30. Juli 1990 Soldaten auf das Kirchengelände drängen, gewinnt sie endgültig die Überzeugung, dass Gott ihr nicht helfen wird. Betende Frauen werden aus der Kirche gezerrt, an die Wand gestellt. Wie durch ein Wunder gelingt es Leymah Gbowees Familie, die Kirche vor Beginn des Massakers zu verlassen. In der nahen Wohnung der Schwester hört Gbowee die ganze Nacht über Entsetzensschreie von der Kirche herüberwehen. Am Morgen sind die Straßen übersät mit Leichen.

Die Nacht geht als Massaker von Sinkor – so heißt der Stadtteil, in dem St. Peter steht – in die Geschichte des blutigen Bürgerkriegs ein. Mit Maschinengewehren und Macheten schießen und schlagen Does Soldaten in die Menge und richten selbst im Inneren der Kirche ein Blutbad an. Einsatzkräfte des Roten Kreuzes, die zur Versorgung der Flüchtlinge vor Ort sind, fliehen. Die Zahl der Toten geht in die Hunderte. Die meisten sind Alte, Frauen und Kinder. Es ist ein Thema, das sich durch vierzehn Jahre liberianischen Bürgerkriegs ziehen wird: die Wehrlosen und Unbewaffneten, allen voran Frauen, als Opfer, die Männer als Täter.

Nach dem Massaker von Sinkor fliegen die USA ihre Staatsbürger aus. Die Liberianer überlässt US-Präsident George Bush Sr. sich selbst, nicht zuletzt deshalb, weil der Irak am 2. August in Kuwait einmarschiert. Der Zweite Golfkrieg beansprucht das US-Militär und die Öffentlichkeit in Amerika mehr als die Situation in dem kleinen westafrikanischen Staat. Bush sagt später, man habe ihm erklärt, bei Liberias Bürgerkrieg handele es sich um eine »innere Angelegenheit«, deshalb habe man nicht interveniert. In Wirklichkeit gehört Liberia zu einem der Länder, die als Erste das Ende des Kalten Kriegs mit brutaler Härte zu spüren bekommen. Der Westen hat seinen Propagandakrieg mit dem Fall der Mauer und dem Ende der UdSSR gewonnen, die strategische Bedeutung Liberias ist Geschichte.

Das belagerte Monrovia wird ausgehungert. Auf ihren verzweifelten Suchen nach Essbarem bekommt Leymah Gbowee eine Stadt wie nach der Apokalypse zu Gesicht. Sie sieht Hunde, die die auf den Straßen verwesenden Leichen fressen. An Checkpoints muss sie Sätze in Kpele sprechen, um nicht als Verräterin aus dem Norden ermordet zu werden. In einem Slum trifft sie einen Klassenkameraden wieder,

der inzwischen zu einem berüchtigten Mörder mutiert ist. Ein paar Wochen verbringt sie auf einer Couch vor dem Büro des Vaters in der sicheren US-Botschaft. Schließlich flieht die Familie auf einem ghanaischen Seelenverkäufer, der Tausende Liberianer in Ghanas Hauptstadt Accra ablädt.

Leymah Gbowee landet in Buduburam, einem Flüchtlingslager vor den Toren Accras. In der staubigen Einöde eines ehemaligen Bibelcamps zieht die Familie in einen verlassenen Rohbau ohne Dach. Die Sonne brennt vom Himmel, Moskitos zerstechen die Kinder, es gibt keine Toiletten. Hilfsorganisationen verteilen ein paar Lebensmittel, Wasser gibt es nur an einer einzigen Handpumpe. Die einstige Mittelklassefamilie ist ganz unten angelangt. Während sie sich notdürftig einrichtet, strömen immer mehr Flüchtlinge aus Liberia nach Buduburam. Irgendwann sind es 50.000, die sich auf einer Fläche von gut einem halben Quadratkilometer drängen.

Die Familie schlägt sich durch: Die älteste Tochter Geneva arbeitet im Feldlazarett. Leymah backt morgens Doughnuts, die sie auf dem Lagermarkt verkauft. Im Mittelpunkt stehen wieder einmal die Radionachrichten: Jeden Morgen und jeden Nachmittag, wenn die BBC ihre Afrika-Journale sendet, versammeln sich Hunderte vor den kleinen Transistoren. In Liberia nehmen Prince Johnsons Truppen Präsident Doe gefangen und foltern ihn zu Tode. Aber Taylor kämpft weiter. Die offenkundige Brutalität seiner Truppen sorgt dafür, dass die Exil-Liberianer in den USA sich von Taylor abwenden. Ellen Johnson Sirleaf wandelt sich von der Unterstützerin zu einer der lautstärksten Kritikerinnen Taylors. Doch Charles Taylor hat alle Trümpfe in der Hand: Er kontrolliert fast ganz Liberia und damit auch die Kautschukplantagen, die Diamanten- und Eisenminen und die Holzindustrie. Die Konzerne zahlen Taylor hohe Schutzgelder, um weiterarbeiten zu dürfen. Mit dem Geld kauft Taylor Waffen. Monrovia hungert unterdessen. Die einmal losgelassenen Truppen halten die Stadt in Geiselhaft.

Dennoch bedrückt die alltägliche Not in Buduburam Leymah Gbowee mehr als die schlechten Nachrichten von zu Hause. Als im Frühjahr 1991 westafrikanische Schutztruppen in Monrovia einziehen und eine Übergangsregierung die Arbeit aufnimmt, kehrt sie zurück. »In dem Moment, als ich ankam, wusste ich, dass ich eine falsche Entscheidung getroffen hatte«, sagt sie heute. Die Stadt, die sie aus ihrer Kindheit kennt, ist nicht mehr. Trümmer übersäen Monrovia. Krankenhaus und Universität sind geschlossen – ihr Traum, Ärztin zu werden, scheint unerreichbar. In Liberias Hauptstadt gibt es keinen Strom, kein Wasser, keine sanitären Anlagen. Mit zwei alten Freundinnen zieht Leymah in ein Apartment und lebt in den Tag hinein. Jenseits des täglichen Kampfes ums Überleben gibt es nichts außer der Wut, die die ihrer Zukunft beraubte junge Frau erfüllt. Nur zwei Jahre nach ihrem High School-Abschluss steht sie vor dem Nichts.

Dann trifft Leymah Daniel, einen jungen Mann, den sie noch aus dem Flüchtlingslager in Buduburam kennt. Frau und Kind hat er dort zurückgelassen. Die beiden beginnen eine leidenschaftliche Beziehung. Daniel, der in der US-Botschaft arbeitet, umwirbt die mittlerweile 19-Jährige mit Geschenken, die sie sich selbst nicht leisten kann. Er lädt sie in Restaurants ein, bezahlt einen Krankenhausaufenthalt. Leymah Gbowee wird voll und ganz von Daniel abhängig. Erst nach einem guten Jahr gibt sie sich selbst gegenüber zu, dass Daniel fast schon krankhaft eifersüchtig ist. Er folgt Leymah, wenn sie mit Freundinnen ausgeht. Einmal schlägt er sie, als er vermutet, sie habe einen anderen Mann. Leymah trägt sich mit dem Gedanken einer Trennung, als sie merkt, dass sie schwanger ist.

Die aus Ghana zurückgekehrte Familie zeigt ihr die kalte Schulter; dass sie nicht verstoßen wird, ist alles. Dass ausgerechnet die brave Leymah mit 19 ein Kind von einem verheirateten Mann erwartet, ist für die religiösen Eltern zu viel. Die großen Erwartungen vor allem des Vaters sind zerbrochen, und er gibt Leymah die Schuld dafür. Während Leymah von ihrem Mann isoliert, gedemütigt und misshandelt wird, bricht der gerade erst gewonnene Frieden in Liberia auseinander. Taylors Soldaten und die westafrikanische Friedenstruppe liefern sich monatelange Gefechte in Monrovia, das Leben in der Hauptstadt kollabiert erneut. Ihren Sohn Joshua bringt Leymah Gbowee im Februar 1993 im Feldlazarett einer Hilfsorganisation zur Welt.

Die anhaltende Distanz ihrer Eltern und Daniels zunehmende Demütigungen nehmen Leymah Gbowee jeden Antrieb. Er zwingt sie zum Sex, bringt andere Frauen mit nach Hause. In ihren Erinnerungen schreibt sie, sie habe nichts dagegen tun können. Noch bevor Joshua abgestillt ist, wird sie erneut schwanger. Daniel wird immer gewalttätiger, vor allem, nachdem er wegen Korruption seinen Job verliert. Erst als ihre Eltern die mittlerweile vierköpfige Familie bei sich aufnehmen, traut Leymah sich wieder, ihr Leben in die Hand zu nehmen. Bei einem Schnellkurs zur Traumatherapeutin lernt sie, ihre widersprüchlichen Gefühle in der Beziehung zu Daniel zu verstehen. Als eine Dozentin über häusliche Gewalt und missbräuchliche Beziehungen spricht, geht Leymah Gbowee ein Licht auf: »Die sprach von mir, von meinem Leben.«

Die Arbeit mit Flüchtlingen aus Sierra Leone, wo seit 1991 ein ebenso brutaler Bürgerkrieg wie in Liberia herrscht, ist für Gbowee ein Stück weit Selbsttherapie. Vertriebene Frauen berichten von Vergewaltigungen während der Flucht und der ihnen angetanen Gewalt. Doch anders als Leymah Gbowee sind sie immer noch voller Hoffnung und Zuversicht. Eine Frau, der Rebellen eine Brust abgeschnitten haben, träumt davon, nach Sierra Leone zurückzukehren. Wie kannst du das wollen, fragt die verbitterte Leymah. Und die Frau sagt: »Was soll ich sonst wollen? Soll ich etwa die gewinnen lassen?« Gbowee hört zu – und organisiert praktische Hilfe, damit die mittellosen Frauen überleben können. Sie mag ihren Job, er gibt ihr Auftrieb und Unabhängigkeit. Als sie bereit scheint, sich von Daniel zu trennen, merkt sie, dass sie zum dritten Mal schwanger ist. Kurze Zeit später scheitert erneut ein Friedensvertrag, der dreizehnte seit Kriegsbeginn. Im Frühjahr 1996 beginnen die Kriegsherren, ihre Truppen zu sammeln. Als die Kämpfe beginnen, flieht Leymah Gbowees Familie erneut nach Ghana, zu Daniels Eltern.

Dort wird sie nur widerwillig aufgenommen. Nicht nur Daniel, auch seine Familie behandeln sie wie Dreck. Leymah, die als Kind miterlebt hat, wie ihre Eltern klaglos alles mit jedem Bedürftigen teilten, muss hungern, weil Daniels Verwandte ihr und den Kindern kein Essen geben. Daniels Mutter zweifelt offen daran, dass Daniel der Vater seiner Kinder ist. »Als Siebzehnjährige hätte ich mir das nie gefallen lassen«, erinnert sich Gbowee heute. »Wie kann man das erklären, dass Selbstbewusstsein und Stärke einfach so verschwinden? Das hat mit der Beziehung zu tun gehabt, in der ich Missbrauch und häuslicher Gewalt ausgesetzt war.« Es sind männliche Gewaltmuster, und Leymah Gbowee erkennt nach und nach die Parallelen dieser Muster im Privaten wie im Krieg. Männer, Soldaten, Rebellen oder Väter verschaffen sich mit brachialer Gewalt Macht über ihre schwächeren

Opfer. Diese, vor allem Frauen, nehmen die Gewalt hin, oft klaglos, weil sie keinen Ausweg haben oder nicht einmal die Vorstellung davon, dass es einen geben könnte. Gbowee kennt aus ihrer Ausbildung sogar die Theorien, die Erklärung der Verhaltensmuster, und fühlt sich dennoch machtlos – noch einmal mehr, weil sie mit ihren Kindern alleine an einem fremden, feindlichen Ort lebt.

Im Juni 1996 bringt Leymah Gbowee in Accra ihren Sohn Arthur zur Welt. Das Frühchen, acht Wochen vor der Zeit geboren, überlebt nur, weil ein Arzt die Kosten für die Betreuung übernimmt und eine Privatpatientin sie in ihr Zimmer aufnimmt. »Hör endlich auf zu heulen«, gibt die Patientin Gbowee mit auf den Weg. »Du hast vielleicht nichts, aber du kannst lesen und schreiben – unterrichte deine Kinder.« Den Rat nimmt sie sich zu Herzen. Den Rest ihrer Zeit in Accra überlebt Gbowee für ihre Kinder. Langsam findet sie zurück zum Glauben: Dass ein Arzt und eine unbekannte Patientin ihr, der Flüchtlingsfrau, geholfen haben, versteht sie als ein Zeichen. Sie verdient Geld damit, dass sie Frauen im Viertel die Haare flechtet; es reicht, um Essen für die Kinder und für Daniel zu kaufen, sie selbst bleibt oft hungrig. Immer öfter verfällt Gbowee aber auch in Depressionen, verbringt ganze Tage, ohne irgendetwas zu tun. Dann, eines Tages, als in Monrovia ein Friedensvertrag unterzeichnet worden ist, der tragfähig scheint, packt Leymah Gbowee die Koffer für sich und ihre drei Kinder und reist nach Hause ab, ohne ein letztes Wort mit Daniel gewechselt zu haben. Sie kehrt zurück nach Monrovia – auf der Suche nach ihrer Zukunft.

4. Kein Sex bis die Waffen ruhen

Wie Liberias Frauen den Krieg beenden

Ein Spruch beherrscht die Wahlen, die im Juli 1997 durchgeführt werden. »He killed my Ma, he killed my Pa, but I will vote for him«, singen die Straßenkinder für ihren Helden, Charles Taylor. »Er hat meine Mutter getötet und meinen Vater, aber ich werde ihn wählen.« Nicht nur die Jüngsten, auch Erwachsene stimmen für Taylor. Sie wollen, dass der Krieg aufhört – und haben Angst, dass Taylor erneut rebellieren wird, wenn er nicht gewählt wird. Manche sagen, sie gönnen ihm, dass er selbst die Suppe auslöffeln muss, die seine Kämpfer dem einst prosperierenden Land eingebrockt haben.

Liberia liegt in Trümmern – wortwörtlich. Die Industrie liegt brach, die Plantagen sind verkümmert. In der Stadt steht kaum noch ein Stein auf dem anderen. Ganze Landstriche sind entvölkert, Familien entzweit. Mehr als die Hälfte aller Mädchen und Frauen, so eine UN-Schätzung, sind in den sieben Jahren des ersten liberianischen Bürgerkriegs mindestens einmal vergewaltigt worden. Die Intelligenz des Landes, die Unternehmer und reichen Liberianer, ist geflohen. Zurückgeblieben sind die Ärmsten, die sich die Flucht nicht leisten konnten. Auf dieser Basis ein Land wieder aufzubauen, erscheint unmöglich.

Und doch will Ellen Johnson Sirleaf es versuchen. Bei den Wahlen wirft sie ihren Hut gegen Taylor in den Ring – für ein Parteienbündnis, dem auch ihre *Liberianische Aktionspartei* (LAP) angehört. Johnson Sirleaf schreibt in ihren Memoiren, dass sie sich zunächst nicht sicher war, ob sie wirklich antreten sollte. Schließlich hatte sie nach der Flucht aus Liberia einen überaus spannenden Job im *UN-Entwicklungsprogramm* (UNDP) in New York angenommen. »Mein Leben bei UNDP war Herausforderung und Erfüllung zugleich. Ich hatte ein gutes Einkommen, konnte reisen und hatte nicht den Druck, dem man in einer Regierung selbst unter günstigen Umständen ausgesetzt ist.« Das alles aufgeben für den Wiederaufbau einer vom Krieg zerrissenen und zerstörten Nation? Ihre Kollegen, sagt Johnson Sirleaf, hielten sie für übergeschnappt, die Anfrage ihrer Parteifreunde aus Liberia überhaupt in Erwägung zu ziehen. Denn um zu kandidieren, muss Johnson Sirleaf zuerst kündigen. Als UN-Angestellter ist es ihr nicht erlaubt, parteipolitisch aktiv zu werden.

Auf einer Dienstreise nach Dakar trifft Johnson Sirleaf sich dennoch mit LAP-Chef Gyude Bryant. Ihm sagt sie zu, am Nominierungs-Parteitag der LAP teilzunehmen. Dass sie tatsächlich gegen Taylor antreten will, erzählt sie aber zuerst ihrer Familie. Die rät ihr heftig, fast schon entsetzt ab. Nicht ein einziges Familienmitglied, erinnert sie sich, habe ihr Unterstützung zugesagt oder ihr gar Mut gemacht. Für verrückt hätten alle sie gehalten, zumal Taylor alle Fäden in der Hand halte. Selbst Bryant und ihre einstige Partei fallen Johnson Sirleaf in den Rücken und nominieren einen anderen Kandidaten, ohne ihr ein Zeichen zu geben. Doch Johnson Sirleaf gibt nicht auf: Sie kandidiert für die *Unity Party*, die Einheitspartei.

Johnson Sirleaf war die einzige Bewerberin um den höchsten Staatsposten. Doch es gab noch eine zweite Frau, die bei den auf Mitte Juli angesetzten Wahlen eine wichtige Rolle spielte: die Staatsratsvorsitzende Ruth Sando Perry, die für die Organisation des Urnengangs zuständig war. Die ehemalige Senatorin unter Doe, 57 Jahre alt, Witwe und Großmutter, die sich selbst als hart wie Stahl bezeichnete, löste überraschend ihren unfähigen Vorgänger ab und organisierte die Wahlen so fair wie unter den Umständen möglich. Johnson Sirleaf selbst gibt an, Perry zu Beginn ihres Wahlkampfs sehr skeptisch beäugt zu haben. Doch die eiserne Perry weist die einstigen Kriegsführer mit harten Worten zurecht und fordert sie etwa auf, ihre Truppen zu entwaffnen. Ihre Rolle erforderte es, neutral zu bleiben. Doch hinter den Kulissen habe sie ihre Kampagne unterstützt, sagt Johnson Sirleaf heute. »Wir wurden in dieser Zeit enge Freunde und sind es bis heute geblieben.«

Die Opposition war hoffnungslos zerstritten. Elf Kandidaten traten gegen Taylor an. Johnson Sirleaf erinnert sich an einen »energiegeladenen, aufregenden Wahlkampf«, in dem ihre Anhänger bei Aufmärschen und Reden sich vehement für sie und gegen Taylor aussprachen. Tatsächlich galt sie als aussichtsreichste Gegenkandidatin. Zugleich erinnert sie sich an den Abend, als der ehemalige US-Präsident Jimmy Carter – Beobachter bei den Wahlen – sie zu Hause besucht und fast nebenbei fragt: »Was werden Sie tun, wenn Charles Taylor die Wahlen gewonnen hat?«

Taylor galt nicht wenigen in den USA als Garant für einen Frieden in Liberia – trotz seiner Gräueltaten im Bürgerkrieg. Johnson Sirleaf und andere Oppositionelle warfen Taylor vor, unfaire Vorteile gegenüber den anderen Kandidaten zu haben: während seiner Rebellion gesammelte Millionen, Hubschrauber und Motorboote, mit denen er – im Gegensatz zur Konkurrenz – Wahlkampf im ganzen Land betreiben konnte, zahlreiche Wahlgeschenke und nicht zuletzt die Kontrolle, die seine Truppen nach wie vor über weite Teile Liberias ausübten. Außerdem betrieb Taylor zwei Radiostationen – in einem überwiegend von Analphabeten bevölkerten Land ein bedeutender Machtfaktor. Vielen Wählern missfiel aber auch Johnson Sirleafs Geschichte. Sie galt als Kandidatin der amerikoliberianischen Elite. Dass sie den Bürgerkrieg nicht an der Seite der Liberianer, sondern im amerikanischen Exil verbracht hatte, unterstrich diesen Eindruck.

Taylor entscheidet die Wahl mit deutlichem Vorsprung für sich. Am 2. August 1997 wird er mit mehr als 75 Prozent der Stimmen zum 22. Präsidenten Liberias gewählt. Johnson Sirleaf landet mit 9,6 Prozent der Stimmen auf dem zweiten Platz. Mehr als 300 internationale Wahlbeobachter erklären die Wahl als frei und transparent – auch das *Carter Centre* mit dem Namensgeber an der Spitze. Es habe zwar einige Probleme mit dem Zugang zu Medien und Ressourcen sowie der Wählerausbildung und Registrierung gegeben, heißt es im Schlussbericht des *Carter Centres* – aber diese Probleme seien nicht ernsthaft genug gewesen, um das Ergebnis der Wahl zu verändern. »Vor dem Hintergrund des jahrelangen Kriegs und der Angst, dass Charles Taylor wieder Krieg führen würde, wäre er nicht gewählt worden, trafen viele Liberianer eine bewusste Entscheidung, von der sie sich Frieden und Stabilität erhoffen.« Nach wenigen Monaten im Land verlässt Johnson Sirleaf ihre Heimat erneut – diesmal in Richtung der Elfenbeinküste, wo sie ein Beratungsunternehmen gründet.

Leymah Gbowee zieht unterdessen in das immer noch von der Plünderung gezeichnete Haus ihrer Eltern in Paynesville, wo außer ihr und ihren Kindern auch die jüngere Schwester Fata lebt. Am Tag, als Taylor sein Amt als Präsident antritt, kündigt Gbowees Vater seine Stelle beim liberianischen

Geheimdienst. Er will nicht für einen Kriminellen arbeiten, erklärt er seiner Familie. Bei der lutherischen Gemeinde von St. Peter, wo seine Familie zu Kriegsbeginn Zuflucht gefunden hat, findet er eine neue Stellung. Leymah Gbowee indes merkt, dass sie erneut schwanger ist. Ihre Depression kehrt zurück. Der Vater beschimpft sie, droht, sie aus dem Haus zu werfen, wenn sie keine Arbeit findet. Erst als die Mutter verspricht, ihr mit allem Nötigen beizustehen, traut sich Leymah Gbowee erneut aus dem Haus.

Mithilfe von Tunde, einem alten Freund, findet sie Arbeit als Traumatherapeutin in der Kirche St. Peter. Ihr Ziel: ein Studium. Doch die praktische Arbeit fasziniert Leymah Gbowee so sehr, dass sie fünf Jahre bei der Gemeinde bleibt – erst als Praktikantin, später bezahlt. Auch während des Studiums bleibt sie dem Traumaprogramm der Kirche treu. Morgens arbeitet sie im Büro, am Nachmittag besucht sie Vorlesungen und Seminare. Wenn die Kinder im Bett sind, lernt sie weiter – bei Kerzenlicht, denn Strom gibt es noch nicht. Ihr Chef im Büro gibt ihr immer wieder Artikel, Berichte, Aufsätze, die Liberias Geschichte und Politik behandeln. Er will die junge Frau politisieren, die in vielem – so sagt Gbowee selbst – noch naive Vorstellungen hat. Wer hat die Macht, wer nutzt sie wofür, wer unterdrückt wen? Gbowee wird nicht indoktriniert, aber zum Denken angeregt. Sie liest Martin Luther King, Mahatma Ghandi und christliche Literatur, die sich mit Versöhnung beschäftigt. Auch in Wirtschaftswissenschaften müsse sie sich auskennen, fordert ihr Chef. Gbowee genießt es, ihren Horizont zu erweitern. Doch trotz all der Theorie stellt sie stets die praktische Arbeit in den Mittelpunkt.

Das ambitionierte Ziel der Traumatherapeuten von St. Peter ist es, die im Bürgerkrieg entstandenen psychischen Wunden der Opfer zu heilen. Therapeuten wie Gbowee fahren aufs Land, um Dorfbewohnern zuzuhören, wie sie von ihrem Leiden im Krieg berichten. Die Therapeuten fragen nach: Welche Probleme sind jetzt am wichtigsten? Wie beeinflussen die nationale Politik und ihre Konflikte euer Leben? Welche traditionellen Wege zur Lösung von Konflikten kennt euer Dorf? Die Methodik, die Leymah Gbowee anwendet, ist in Ländern wie Bosnien oder Ruanda erprobt worden. Lokale Persönlichkeiten oder traditionelle Anführer werden ausgebildet, um in ihren Dörfern den Heilungsprozess zu organisieren. Die Hilfe zur Selbsthilfe soll nicht zuletzt dazu führen, dass das geschundene Land eine neue Riege von Anführern bekommt, die mehr am Wohl der Bevölkerung als an ihrem eigenen interessiert sind.

Ihr Engagement gibt Gbowee neue Hoffnung. Opfer zu stärken, sie wieder zu dem zu machen, was sie einmal waren, ist erneut auch ein Stück Selbsttherapie für sie. Bei der Vorbereitung ihres ersten Workshops für Frauen aus dem Norden Liberias sucht sie nach Fragen, die sie sich selbst stellen würde – und die aus ihr das Leid herauskitzeln würden, das sie in sich verborgen hält. Der Workshop ist ein voller Erfolg. Die talentierte Rednerin aus der High School ist wieder da: Leymah Gbowee entdeckt ihre Talente wieder. Mit der Arbeit und zunehmender Bestätigung verschwindet auch die Depression. Während sich Gbowees Mutter um die mittlerweile vierköpfige Kinderschar kümmert, geht Leymah in ihrer Arbeit auf.

Auf einer dreiwöchigen Rundreise durch den Norden des Landes sieht sie erstmals das volle Ausmaß des Krieges: Schulen, Kliniken und Brücken liegen in Trümmern. Menschen verstecken sich beim Geräusch der anfahrenden Jeeps im Busch aus Angst, die Rebellen oder die Armee komme zurück. Die Felder liegen brach. Die wenigen Überlebenden bauen sich Hütten aus Lehm, weil Baumaterialien fehlen. Was sich hier abgespielt hat, wo die Dorfbewohner schutzlos zwischen die Fronten der Kriegsparteien gerieten, ist noch einmal schlimmer als das, was Leymah Gbowee in Monrovia erlebt hat.

Doch Gbowee kümmert sich nicht nur um die Opfer, sondern auch um die Täter. Mehr als zwei Jahre lang betreut sie versehrte ehemalige Kindersoldaten. Nicht alle Kindersoldaten in Liberias Bürgerkrieg sind Jungen. Auch Mädchen bewaffnen sich. Viele sagen später, die Waffe habe ihnen die Vergewaltigungen erspart. Andere, wie *Black Diamond*, die berüchtigte Anführerin einer Mädcheneinheit, rächen sich für den erlittenen Missbrauch.

Leymah Gbowee aber kümmert sich um die Jungen. Die meisten der Jugendlichen sind amputiert, haben Beine oder Arme verloren. Für die *Small Boys Units* sind sie damit untauglich, sie werden verstoßen. Niemand kümmert sich um die Jugendlichen: Die Kameraden von einst schauen auf die wertlosen Krüppel herab. Die eigenen Familien haben sich, wenn sie nicht gestorben sind, schon im Bürgerkrieg abgewendet oder tun es spätestens jetzt. Nicht einmal betteln können die Kinder: Niemand will den Mördern und Folterern aus Bürgerkriegszeiten Geld geben. Wenn Leymah Gbowee Freunden erzählt, wen sie zu therapieren versucht, schlagen ihr Unverständnis und offene Empörung entgegen: Warum, fragen ihre Freunde, hilfst du nicht denen, die Hilfe verdient haben?

Auch die Jugendlichen selbst können nicht verstehen, warum die Kirche ihnen helfen will. Das gleiche Unverständnis wie bei ihren Freunden und tiefes Misstrauen schlagen Leymah Gbowee schon bei der ersten Begegnung entgegen. Was will die Frau von den Kindern, die so viele Menschen ermordet,

Frauen vergewaltigt und ganze Dörfer terrorisiert haben? Pausenlos erinnern die jungen Männer Gbowee an ihre Taten, drohen ihr. Nach außen bleibt sie selbstbewusst. Doch wie genau die Reintegration der ehemaligen Kindersoldaten in die fragile Gesellschaft gelingen soll, ist auch ihr unklar. Selbst als sie sich ihr langsam öffnen, fehlen Gbowee die Mittel, um den Jugendlichen einen Neustart zu ermöglichen. Wenn es einige Tage lang gut geht, folgt unweigerlich der Rückschlag. Mal werden die Jugendlichen bei einem Überfall geschnappt, einmal werden sie sogar von Taylors Milizen, ehemaligen Kampfgenossen aus der *Small Boys Unit*, wieder angeheuert.

Gbowee, die von den Jugendlichen inzwischen respektvoll »General« genannt wird, hilft bei Alltagsproblemen, aber eine Perspektive für die ehemaligen Kindersoldaten entwickelt sich nicht. Trotzdem fühlt sie, dass sie ihrem Traum vom Arztberuf so nahe gekommen ist wie noch nie. Ihr Ziel ist es, die Kindersoldaten zu heilen, auch wenn es die Psyche ist statt der Physis. Sie habe den Kämpfern von einst nie ihre Taten vergeben können, sagt sie heute. Aber sie habe Mitleid und Mitgefühl entwickelt. »Diejenigen, die unseren Hass wirklich verdienen, waren und sind aus meiner Sicht Leute wie Charles Taylor, Prince Johnson und andere, die den Krieg begonnen und am Laufen gehalten und mit ihren egoistischen Machtgelüsten das Leben einer ganzen Generation zerstört haben.«

Leymah Gbowee geht mehr und mehr in ihrer Arbeit auf. Um ihre Kinder, außer den leiblichen noch mehrere adoptierte, kümmert sich zunehmend die ältere Schwester Geneva, die nach einer gescheiterten Ehe nach Monrovia zurückgekehrt ist. Immer öfter beschäftigt sie bei der Arbeit eine Frage: Warum sind – auch im eigenen Büro – vor allem Männer die Anführer? Auf Reisen im Binnenland wird ihr Chef regelmäßig gefragt, ob sie die Köchin sei. Die Einzigen, die Leymah Gbowee ernst nehmen und respektieren, sind die Frauen. Nach den Workshops, in denen vor allem die Männer reden, sitzt sie lange mit den Frauen zusammen und erfährt ganz andere Nöte als die, die im offiziellen Teil besprochen wurden. So sehr die Frauen ihr dafür danken, fragt sich Gbowee, warum ihr nur der inoffizielle Teil gebührt. Von Frauen, die die Last des Krieges getragen hatten wie keine andere Bevölkerungsgruppe, wird der Tradition gemäß erwartet, zu schweigen, während die Männer den Frieden aushandeln. Die gleichen Männer, die zuvor den Krieg geführt hatten.

Während Gbowee mit ihrer bisherigen Arbeit hadert, befindet sich Liberia in einer Art Limbo. Der Krieg ist vorbei, aber Charles Taylor nutzt seine Macht als Präsident, um den Bürgerkrieg im benachbarten Sierra Leone am Kochen zu halten. Die *Revolutionary United Front* (RUF) verbreitet Terror wie einst Taylors Rebellen. Auch in Sierra Leone sind es Kindertrupps, die brutal morden. Sie sind berüchtigt dafür, der Zivilbevölkerung Hände, Arme oder andere Körperteile abzuhacken. Ihre Militäroperation trägt das Motto »No Living Thing«, »Keinerlei Leben«. Frauen und junge Mädchen werden brutal vergewaltigt und versklavt, Jungen zu Kindersoldaten gemacht oder zur Arbeit in den Diamantenminen gezwungen. Mit den gewonnenen Diamanten kaufen die Rebellen Waffen – von Charles Taylor, der auf Schweizer Konten Millionen anhäuft.

Taylor und der RUF-Anführer Foday Sankoh kennen sich gut, so gut, dass die Unterstützung Taylors für die mordenden Horden in Sierra Leone mehr als ein offenes Geheimnis ist. Die UN verhängen wegen der illegalen Geschäfte Sanktionen gegen Liberia. Für das vom Bürgerkrieg zugrunde gerichtete Land ist das ein Schlag. An allen Ecken und Enden fehlen Investitionen. Die Wirtschaft liegt am Boden, während Taylor sein Privatvermögen anhäuft. Es ist der ideale Nährboden für eine Revolte, zumal noch immer zahlreiche Waffen im Umlauf sind. In Lofa im Nordosten des Landes formiert sich zuerst bewaffneter Widerstand gegen Taylor. Ende 1999 beginnt die Rebellenarmee der LURD, *Vereinte Liberianer für Versöhnung und Demokratie*, mit ihren Angriffen. Die von Taylor-Anhängern kontrollierte Armee schlägt zurück. Der zweite liberianische Bürgerkrieg hat begonnen.

In Monrovia lässt sich Leymah Gbowee unterdessen auf die Arbeit mit Frauen ein. Erstmals organisiert sie Trauma-Workshops, an denen nur Frauen teilnehmen. Sie merkt, wie gut es den Frauen tut, von ihrem ganz privaten Grauen zu berichten. Die meisten öffnen zum ersten Mal in ihrem Leben ihr Inneres, erzählen von ihren Ängsten, ihren Nöten. In Liberias Gesellschaft, wo Frauen vor allem schweigen sollen, sprudeln die Teilnehmerinnen nahezu über, als Gbowee ihnen die Möglichkeit gibt, sich zu öffnen. Als festen Bestandteil ihrer Workshops führt sie eine Abendeinheit ein, bei der die Frauen nichts anderes tun, als ihre Geschichte zu erzählen. Oft sitzen sie bis frühmorgens zusammen. Gbowee erwartet, dass die Frauen vom Krieg berichten. Doch tatsächlich berichten sie, wie ihr Leid lange vor dem Krieg begann: Misshandlungen, Vergewaltigungen in der Ehe, Demütigungen. Es ist nicht das letzte Mal, dass Gbowee auf direkte Zusammenhänge zwischen häuslicher und militärischer Gewalt gestoßen wird.

Dass Frauen sich untereinander organisieren, hat in Liberias Gesellschaft – trotz der männlichen Dominanz im öffentlichen Leben – Tradition. Frauen sind in zahlreichen Geheimgesellschaften organisiert, von denen jede einzelne eigenen, streng vertraulichen Regeln unterliegt. Die Möglichkeit, sich offen zu äußern, besteht dort – eben wegen des starren Gefüges – aber nicht. Vielmehr handelt es sich um eine Art Netzwerk, das den Frauen in Not oder beim beruflichen Aufstieg helfen soll. Viele von ihnen sind den Naturreligionen verbunden. Leymah Gbowees Tante etwa hatte einen hohen Priesterrang in einer der Geheimgesellschaften inne. Angeblich besaß sie die besondere Gabe, Schlangenbisse zu heilen und Gift zu neutralisieren. Vor allem Amerikoliberianerinnen sind zudem in den Freimaurerlogen aktiv.

In ihren Erinnerungen schreibt Leymah Gbowee, die Offenheit in ihren Gesprächsrunden sei bahnbrechend gewesen. »In Afrika reden selbst Mütter mit ihren Töchtern nur sehr selten über Sex. Vergewaltigte Frauen vertrauten sich oft niemandem in der Familie an, weil das Stigma zu groß war – jede Frau war mit ihrem Leid alleine.« Frauen in Afrika vergleicht sie mit Schwämmen: Jeden Schmerz, jede Erinnerung müssten sie aufnehmen und in sich behalten, um nicht schwach zu wirken. »Aber dieses ganze Elend in sich hineinzufressen war lähmend – ich hatte einen Weg gefunden, wie wir uns auspressen konnten.«

Die Erfolge werfen für Leymah Gbowee neue Fragen auf. Die Traumahilfe ist ihr wichtig, aber sie hilft vor allem, Wunden zu heilen, nachdem sie entstanden sind. Wäre ihre Kraft nicht besser darauf verwendet, Kriege und Konflikte von vornherein zu verhindern und damit auch die Traumata? Im Büro der lutherischen Kirche lernt Gbowee Sam Doe kennen, den Gründer eines westafrikanischen Netzwerks für Friedensstiftung. Bei einem Kongress in Accra begeistern er

und die anderen Aktivisten sie für das Konzept des gewalt-
losen Widerstands. Eine Nigerianerin, Thelma Ekiyor,
gewinnt Gbowee für die Idee, ein westafrikanisches Frauennetzwerk für Friedensarbeit aufzubauen.

Im Sommer 2001 graduiert Gbowee. Kurz darauf ist sie
dabei, als in Accra das *Frauennetzwerk für Friedensstiftung*,
WIPNET, aus der Taufe gehoben wird. Für Gbowee fließen
alle Aspekte ihres Engagements der vergangenen Jahre
zusammen: Traumata lassen sch nicht heilen, solange die
Gewalt weitergeht, also muss erst Frieden gestiftet werden.
Einen anhaltenden Frieden aber kann es nur mit Frauen
geben, die sich ihrerseits von hrem Schmerz befreien können, um ihre Stärken auszuleben. Die von Gbowee in der
Traumatherapie so erfolgreich eingesetzten nächtlichen Ge-
sprächsrunden werden Bestandteil ihrer Friedensarbeit.
»Aber die dabei gewonnene Energie wurde jetzt dank WIP-
NET in politische Aktion umgesetzt«, so Gbowee.

WIPNET ist nicht die erste Frauenrechtsgruppe in Liberia. Doch mit den etablierten Gruppen wird Gbowee nicht so
recht warm. Sie selbst sagt, der Klassenunterschied habe für
die anderen Frauen eine zu große Rolle gespielt. Das *Mano
River Union Women's Peace Network* (MARWOPNET) etwa,
eine der bedeutendsten Frauenvereinigungen, besteht fast
ausschließlich aus Amerikoliberianerinnen; alle Mitglieder
gehören der vermögenden Elite an. Denkbar ist auch, dass
sich die anderen Gruppen von einer in feministischen Krei-
sen weitgehend unbekannten Newcomerin nicht die Butter
vom Brot nehmen lassen wollten. Gbowee lässt sich davon
nicht beeindrucken. Doch wieder einmal droht der Bürgerkrieg alle Pläne zu zerstören.

Während Gbowee bei einem Workshop in Accra ist, erfährt
sie, dass die LURD-Rebellen kurz vor Monrovia stehen. Der

Bürgerkrieg hat wieder ihre Heimatstadt erreicht. Wie einst Doe, so schränkt auch Taylor alle Freiheiten ein: Journalisten werden verhaftet, Zeitungen geschlossen. Die gefürchtete Anti-Terroristeneinheit, eine Taylor ergebene Geheimpolizei, überfällt Vertriebenenlager am Stadtrand, die als Unterschlupf der Rebellen gelten. Junge Männer und Kinder werden auf dem Schulweg gekidnappt und als Soldaten zwangsrekrutiert. Schließlich ruft Taylor den Notstand aus: Jegliche Demonstration oder politische Betätigung gegen das Taylor-Regime wird untersagt. Mit Geld, das die Frauenaktivistinnen in Accra für sie gesammelt haben, evakuiert Gbowee ihre Familie nach Ghana. Sie selbst kehrt nach Liberia zurück. Diesmal, so ist sie entschlossen, will sie sich nicht vom Krieg verjagen lassen. Außerdem braucht sie ihr Gehalt. Die eigenen Kinder, ihre Schwester Geneva und die adoptierten Kinder, sie alle sind von Leymah Gbowees Einkommen abhängig.

Obwohl Gbowee weiterhin Traumatherapien organisiert, gilt ihr wahres Engagement dem neuen Frauennetzwerk für den Frieden. Aus der einstigen religiösen Zweiflerin ist inzwischen eine stark religiöse Frau geworden, die statt der lutherischen Kirche in St. Peter inzwischen eine Pfingstkirche besucht. Der Glauben gibt ihr Halt und Orientierung, besonders jetzt, als in Liberia wieder einmal die Welt zusammenzubrechen droht. Und so nimmt sie einen Traum sehr ernst, von dem sie bis heute erzählt. »Ich wusste nicht, wo ich war, alles war dunkel. Dann hörte ich eine Stimme. Sie sagte, forderte mich auf: Bring die Frauen zusammen, damit sie für den Frieden beten.«

Wenn sie selbst Zweifel daran hat, dass es sich um eine göttliche Eingebung handelt, überzeugt sie ihr ebenso christliches Umfeld vom Gegenteil. Dieser Traum, sagt sie heute, war in vielerlei Hinsicht der Anfang von allem. Aus Gbowees Traum wird die *Friedensinitiative Christlicher Frauen*. Im April 2002 beginnen die Frauen mit einem Gebetskreis. Zunächst sind es knapp zwei Dutzend, die sich jeden Dienstag in einer Kapelle auf dem Kirchengelände von St. Peter treffen. Doch während das Leben in Monrovia immer härter wird und die Rebellen sich im Norden auf ihre letzte Offensive vorbereiten, werden es wöchentlich mehr. Bald überlegen die Frauen, was sie über die Gebete hinaus tun können, um Frieden zu schaffen. Zeitgleich beginnt Gbowee den ersten Workshop von WIPNET. Aus diesen beiden Gruppen erwachsen bald die Anführerinnen der Massenbewegung, von der Gbowee zu diesem Zeitpunkt jedoch noch gar nichts ahnt.

»Es ist im Nachhinein erstaunlich, wie wenig ambitioniert wir waren«, erinnert sie sich. »Wir wollten ein Frauennetzwerk aufbauen mit Vertretern verschiedener Organisationen – eine große Bewegung hat sich keiner von uns je vorstellen können.« Als eine Delegation des Weltkirchenrates Liberia besucht, hält Gbowee spontan eine Rede, die als Aufruf gelten kann. »Wir sind es leid, dieses schreckliche Leben zu führen«, ruft sie den in St. Peter versammelten Gläubigen zu. »Es ist Zeit, dass wir aufstehen und uns Gehör verschaffen.« Zu den Christinnen stoßen bald die Musliminnen, zusammengeholt von einer der Frauenaktivistinnen, die Gbowee für WIPNET gewonnen hat. Dass Christen und Muslime gemeinsam aktiv werden, ist mehr als eine kleine Sensation. Die Kluft zwischen Muslimen und Christen ist noch älter und tiefer als die zwischen den Ethnien – und trotz des guten Willens der Anführerinnen braucht es in den kommenden Wochen viel Überzeugungskraft, um die Allianz zu schmieden. Doch es gelingt.

Sensationell ist auch, dass Gbowee es überhaupt geschafft hat, Menschen zu mobilisieren. Nach Jahren des Bürgerkriegs und dem latenten Terror in Taylors korruptem Überwachungsstaat ist die Bevölkerung so antriebslos wie Gbowee in ihrer tiefsten Depression. Leymah beschreibt, wie sie eines Abends sieht, dass Soldaten auf offener Straße mit Stöcken auf einen Taxifahrer einprügeln. Passanten gehen achtlos vorbei, niemand sagt oder tut irgendetwas.

Die Angst vor Charles Taylor hat geradezu etwas Mythisches. Düstere Gerüchte ranken sich um Taylor. Er soll dunkle Rituale organisieren und seine Feinde verspeisen, um ihre Macht in sich aufzunehmen. Nicht zufällig ranken sich Gerüchte über Kannibalismus um fast alle afrikanischen Despoten, von Idi Amin bis zum zentralafrikanischen »Kaiser« Jean-Bedel Bokassa. Je mächtiger die Herrscher, desto hartnäckiger halten sich die Gerüchte. Auch den Perücken, die Taylors Milizen immer wieder tragen, zusammen mit Hochzeitskleidern oder dick aufgetragener Schminke, werden magische Kräfte zugeschrieben. Taylor lässt die Gerüchteküche brodeln. Sie trägt dazu bei, dass die Bevölkerung in ihrer Furcht paralysiert bleibt.

Frauen dazu zu bewegen, aktiv zu werden und für den Frieden auf die Straße zu gehen, ist daher die erste und schwierigste Aufgabe von Gbowees christlich-muslimischer Gruppe, die zur Keimzelle der *Women of Liberia Mass Action for Peace* (Massenaktion liberianischer Frauen für den Frieden) wird. In Kirchen, auf Märkten, vor öffentlichen Gebäuden und in den Slums, überall versuchen die Friedensaktivistinnen in Zweiergruppen, Frauen zum Mitmachen zu bewegen. Langsam werden es mehr, bis sich die Frage stellt, was genau die erste Aktion der Frauen sein soll.

Ende des Jahres marschieren gut zweihundert Frauen den Tubman Boulevard, eine der Hauptstraßen Monrovias entlang bis zum Rathaus. Sie singen christliche Hymnen und muslimische Lieder. Auf den Treppenstufen verliest Gbowee die Forderungen der Frauen: friedliche Koexistenz, die Beteiligung von Frauen bei der Konfliktbewältigung, Entwicklung. Und vor allem: Frieden. Doch es kommt – wieder einmal – anders.

Anfang 2003, im dreizehnten Jahr des Bürgerkriegs, spalten sich die LURD-Rebellen. Die Abspaltung, die *Bewegung für Demokratie in Liberia* (MODEL), fällt über die Dörfer im Südosten des Landes her und tötet, plündert, vergewaltigt. Eine neue, nicht gekannte Flüchtlingswelle ergießt sich nach Monrovia. Mehr als 360.000 neu Vertriebene suchen in der nach wie vor von Taylor kontrollierten Hauptstadt Unterschlupf. In der zerstörten Metropole, in der inzwischen bis zu drei Millionen Menschen leben sollen, wird das Leben immer gefährlicher. Teile Monrovias meiden selbst die Einheimischen. Nach Einbruch der Dunkelheit wagt sich kaum jemand aus dem Haus. Bald gilt zudem wieder ein Ausgangsverbot.

Die Vereinigten Staaten fordern zwar immer lauter Verhandlungen über einen Waffenstillstand, doch Taylor bleibt hart. Für ihn sind die Rebellen Terroristen, die seine Armee besiegen wird. Eine internationale Eingreiftruppe lehnt er ab, womöglich auch wegen der Menschenrechtsverletzungen seiner eigenen Soldaten. Auch der westafrikanische Staatenbund dringt auf Verhandlungen. Denn die Liberiakrise droht die ganze Region zu destabilisieren. Doch auch sie haben mit ihren Vermittlungsbemühungen zunächst keinen Erfolg. Währenddessen rücken die Rebellen immer näher auf Monrovia zu.

In den Wirren der neuerlichen Kämpfe veröffentlicht Gbowees Netzwerk eine Erklärung: »Liberias Frauen wollen umgehend Frieden«. Obwohl Taylor die meisten Radiosender kontrolliert, schaffen die Frauen es, ihre Erklärung in die Öffentlichkeit zu tragen. Kirchliche Radios, Zeitungen, Korrespondenten internationaler Medien greifen die Erklärung auf. Während das Medieninteresse förmlich explodiert, drucken die Frauen Flugblätter und verteilen sie in den Slums und den Vertriebenenlagern am Stadtrand. Hier ist die Angst besonders groß: Bei einem Angriff der Rebellen, das wissen die Flüchtlinge, werden sie die ersten Opfer sein. Für die Rebellen sind sie Verräter, für Taylors Leute mutmaßliche Kollaborateure. Frieden ist für die meisten hier, noch mehr als für die Frauen in der Hauptstadt, unmittelbar eine Frage des Überlebens. Deshalb sind die vertriebenen Frauen bereit, alles für die neue Friedensbewegung zu tun.

Doch was genau getan werden soll, ist Leymah Gbowee und den anderen Frauen an der Spitze der Bewegung zunächst noch unklar. Von ihrem Erfolg sind sie fast überwältigt. Gbowee erinnert sich an die ersten Tage im April 2003 als eine Zeit spontanen Aktivismus, in der jeden Tag aufs Neue diskutiert wird, wie weit man gehen soll. Niemand hat einen Plan, alle sind hin- und hergerissen zwischen Angst und dem Mut der Verzweiflung. Taylor hat alle Demonstrationen verbieten lassen. Er will sich nicht von der eigenen Bevölkerung blamieren lassen, heißt es. Trotzdem setzen die Frauen schließlich einen neuen Protest an.

Am 11. April um 8 Uhr früh versammeln sie sich vor dem Rathaus von Monrovia. Erstmals geben die Frauen die Devise aus: Kleidet euch in weiß – der Farbe des Friedens. Eingeladen ist auch Charles Taylor, dem ein Forderungskatalog der Frauen offiziell übergeben werden soll. Regierung und Rebellen sollen umgehend einen bedingungslosen Waffenstillstand vereinbaren, heißt es darin. Sie sollen Gespräche aufnehmen. Und eine internationale Friedenstruppe soll in Liberia stationiert werden.

Diesmal ist der Damm endgültig gebrochen. Hunderte Frauen versammeln sich vor dem Rathaus, ein Meer in Weiß. Während Frauen am Mikrofon ihr Leiden im Krieg schildern, bleiben Taylors Soldaten friedlich. Denn auch Journalisten, Priester und Imame sind gekommen, um dem Protest beizuwohnen. Leymah Gbowees Bewegung hat eine Bedeutung erreicht, die es Taylor schwer macht, sie mit Gewalt zu zerstreuen – und über kurz oder lang auch, so die Hoffnung, sie zu ignorieren. »Früher haben wir stillgehalten«, ruft Gbowee an diesem Tag den versammelten Frauen zu. »Aber nachdem wir Frauen vergewaltigt, entehrt und mit Krankheiten infiziert worden sind und zusehen mussten, wie unsere Familien zerstört und unsere Kinder ermordet wurden, hat der Krieg uns gelehrt, dass die Zukunft darin liegt, Nein zur Gewalt und Ja zum Frieden zu sagen.«

Taylor will sich nicht beschämen lassen. Doch genau das ist der Kern des Protests, der in den Tagen nach der Demonstration geplant wird. Gbowee erinnert sich an eine Brache, die gleich neben dem Fischmarkt der Stadt liegt, einen stinkenden, lauten Ort voller Menschen. Vor allem aber liegt das Feld am Tubman Boulevard, der Hauptstraße, die Taylor auf dem Weg von seiner mit Luxusgütern aus der ganzen Welt ausgestatteten Residenz White Flower zu seinem Amtssitz auf dem Kapitolshügel jeden Tag mindestens zwei Mal passiert. Wenn Taylors Karosse auffährt, müssen sich alle Passanten von der Straße abwenden – damit sollen Anschläge auf den Regierungschef verhindert werden. Doch darauf nehmen Gbowee und die Aktivistinnen genauso wenig Rücksicht wie auf das Demonstrationsverbot.

Am Morgen des 14. April kommen mehr Frauen auf dem matschigen Feld zusammen, als Gbowee sich je erträumt hat. Hilfsorganisationen haben ihren Mitarbeitern freigegeben. Ganze Hochschulklassen sind gekommen und selbst Regierungsangestellte, deren Abteilungen an diesem Tag geschlossen bleiben. Marktfrauen, die sehen, wie die Frauen sich versammeln, schließen sich dem Protest spontan an. Manche Frauen aus den Vertriebenenlagern sind mitten in der Nacht losgelaufen, um rechtzeitig auf dem Feld anzukommen. Andere Gruppen haben Kleinbusse gechartert, die übervoll auf den Markt brettern und immer neue Demonstrantinnen ausspucken. Mehr als 2.000 Frauen sind versammelt, als Taylors Konvoi sich Richtung Kapitolshügel aufmacht. Die Frauen versammeln sich am Straßenrand und heften ihren Blick fest nach vorne. Auf ihren Plakaten steht der Slogan, den sie schon drei Tage zuvor gerufen haben: »Liberias Frauen wollen umgehend Frieden«. Diesmal ruft niemand. In anklagender, eisiger Stille stehen die Frauen an der Straße, als Taylor vorbeifährt. Niemand richtet den Blick von der Straße. Taylors Wagen bremst ab. Die bewaffneten Bodyguards richten ihre Maschinengewehre auf die Menge, drücken aber nicht ab. Dann nimmt Taylors Karosse wieder Fahrt auf, die Bodyguards lassen die Waffen sinken. Der Moment ist vorbei.

Die Demonstration hätte sich an diesem Moment zerstreuen können. Doch das Gegenteil ist der Fall. Die Frauen lassen sich auf dem matschigen Boden nieder und beten, singen, schweigen zusammen. Die Temperatur steigt an diesem ersten Protesttag bis auf 38 Grad, doch die Frauen bleiben. Keiner hat einen Schutz gegen die knallende Sonne. Niemand hat einen Stuhl, eine Wasserflasche, Proviant – nur das bisschen Wasser, das die Aktivistinnen um Gbowee mühsam besorgen. Am Nachmittag, als Taylors Konvoi erneut das Feld passiert, sind die Demonstrantinnen immer noch da. »Wir hatten etwas begonnen, das zu groß war, um es zu stoppen«, sagt Gbowee heute.

Jeden Morgen versammeln sich die stets in Weiß gekleideten Frauen aufs Neue, bis die Sonne untergeht. Einmal ziehen sie zum Parlament, doch die meiste Zeit verbringen sie auf dem nackten Feld, das den Charme einer Müllkippe versprüht. Doch niemand scheint sich daran zu stören. Für die Bewohner Monrovias werden die Frauen mit jedem neuen Tag mehr zu Heldinnen. Busfahrer weigern sich, Geld von den Frauen anzunehmen, um den Protest auf ihre Weise zu unterstützen. Andere bringen Wasser, Essen, Geld. Selbst Soldaten und Granden der Taylor-Regierung, erinnert sich Gbowee, unterstützen die Proteste auf diese Weise. Die Spontaneität des Anfangs weicht einem durchorganisierten Protest, den zu organisieren Kraft, Zeit, Ausdauer und Ressourcen braucht. Komitees werden gegründet, die sich um Transport, Verpflegung, Wasser kümmern. Andere gestalten das Programm, rufen zum Gesang auf, mal zu einem christlichen Gebet, mal zu einem muslimischen. Eine kleine Gruppe trifft sich jeden Abend bis spät in die Nacht, um die Strategie für den nächsten Tag und darüber hinaus zu planen. Gbowee will nicht, dass der Protest der Frauen von anderen Interessengruppen zu ihren eigenen Zwecken missbraucht wird. Vor allem aber will sie sicherstellen, dass der Protest friedlich bleibt. Nur so, glaubt sie, lässt sich der Frieden erreichen.

Die Frauen in Weiß sind nicht die Einzigen, die protestieren. Zu denen, die sich den Mund nicht verbieten lassen, gehört etwa Bischof Michael Francis, der höchste katholische Würdenträger im Land. Er wirft Taylors Rebellen vor, für den Mord an fünf Nonnen in Monrovia Anfang 1992 verantwortlich zu sein. Weil Taylor nichts tut, um die Tat aufzuklären, ruft er zum zehnten Jahrestag der Tat zu einem Generalstreik auf, der Monrovia für 48 Stunden lahmlegt. Auch sonst nimmt er in seinen Predigten kein Blatt vor den Mund. Im bürgerkriegsversehrten Liberia wird die Kirche zur wichtigsten Kraft des friedlichen Widerstands.

Die neben dem Fischmarkt demonstrierenden Frauen komponieren ihre eigene Hymne: »We want peace, no more war«, wir wollen Frieden, keinen Krieg mehr. »Unsere Kinder sterben, wir wollen Frieden. Wir haben genug gelitten, wir wollen Frieden. Wir sind genug geflohen, wir wollen Frieden.« Die Frauen singen und bleiben, bei Sonne und auch bei den tropischen Starkregengüssen, die die ungeschützt dasitzenden Demonstrantinnen bis auf die Haut durchweichen.

Schließlich lässt Charles Taylor eine Nachricht überbringen: Er ist bereit, die Anführerinnen des Protests zu empfangen. Gbowee erinnert sich an die gemischten Reaktionen. Die Forderung der Frauen war erfüllt worden, doch warum? Was könnte Charles Taylor, den nicht wenige der Frauen für ein grausames Monster halten, wollen? Die Frauen einigen sich auf eine einzige Sprecherin: Gbowee. Alleine aber soll sie den Weg in die Höhle des Löwen nicht antreten. Mehr als 2.000 Frauen marschieren mit ihr an der Spitze zu Taylors Residenz. Manchen wird schlecht oder schwindlig, Sanitäterinnen müssen helfen.

Nach einigem Warten im Freien werden die Frauen eingelassen. Taylor sitzt regungslos auf einem Sofa, das auf einem Podium thront. Er trägt den olivgrünen Anzug eines Soldaten, dazu die obligatorische schwarze Sonnenbrille. Während Gbowee die Forderungen der Frauen – Waffenstillstand, Verhandlungen, internationale Friedenstruppe – vorträgt, bleibt er ihrer Erinnerung nach unbewegt. Als er schließlich antwortet, schmiert er den Frauen Honig ums Maul. Er sei krank und habe sich dennoch entschieden, das Treffen nicht zu verschieben. »Niemand sonst hätte mich aus dem Bett holen können, wenn nicht die liberianischen Frauen, die ich als meine Mütter wahrnehme.« Und er versucht, auch anders zu schmieren: Er lässt den Frauen Geld zustecken, 5.000 Dollar, sagt Gbowee.

Es war Taylors Art, Kritiker mit Geld für sich zu vereinnahmen. Man kann davon ausgehen, dass die Entscheidung, das Geld anzunehmen, umstritten war. In ihren Memoiren rechtfertigt Gbowee die Annahme mit den Kosten, die die Proteste verursachten: »Fast fünfhundert US-Dollar mussten wir jeden Tag allein für Transport und Wasser ausgeben.« Angeblich werden die 5.000 Dollar zunächst zur Seite gelegt, weil die Frauen mit dem »schmutzigen Geld« des Gewaltherrschers nichts zu tun haben wollen. Doch egal ob diese Behauptung stimmt: Kaufen jedenfalls lassen die Frauen sich nicht. Sie setzen ihren Protest fort, obwohl Sonne und Regen den Protest mehr als einmal zur Hölle werden lassen. »Es war eine Art Folter«, erinnert sich Gbowee. »Ich bin so sehr verbrannt wie niemals davor oder danach, und viele Frauen bekamen schreckliche Ausschläge.« Doch jedes Angebot zum Schutz vor den Naturgewalten schlagen die Frauen aus. Wenn ein Kampf ausbricht, bleibt uns keine Zeit, einen Regenschirm zu holen, sagen sie denen, die den Frauen Schutz anbieten. Wenn ein Kampf ausbricht, haben wir keine Zeit, Stühle zu holen. Oder Sonnendächer.

Tim Butcher, damals Korrespondent des britischen *Daily Telegraph*, erinnert sich an den erstaunlichen Ruf, den die unbeugsamen Frauen sich in diesen Wochen des Protests erwerben. Monrovia habe sich zu diesem Zeitpunkt bereits in eine Art »Stadt der lebenden Toten« verwandelt. »Wer noch lebte, durchwühlte den Müll nach irgendetwas Essbarem oder suchte nach anderen Kostbarkeiten wie Kleidung oder Feuerholz.« Butcher erinnert sich an Sekretärinnen, die sich bei Anbruch des Tages mit ihren manuellen Schreibmaschinen vor den Ministerien zum Diktat versammelten. Bei jedem Wolkenbruch rannten sie mit Maschine, Papier und Korrekturbändern zum nächsten Unterstand. Über ihre Arbeitsbedingungen klagten die Sekretärinnen so wenig wie über die Lebensumstände. Sie ertrugen alles, ohne Kommentar. Die protestierenden Frauen repräsentieren so etwas wie den letzten Funken Entschlossenheit in einer kampflos sterbenden Stadt. »Sie standen bis zu den Knöcheln im Schlamm neben dem mittlerweile verlassenen Fischmarkt, sangen und riefen Slogans«, erinnert er sich. »Von Sonnenauf- bis Sonnenuntergang standen sie dort, unabhängig vom Wetter, vereint in der Verzweiflung, dass der Teufelskreis aus Krieg, Gesetzlosigkeit und Verfall jetzt endlich ein Ende haben müsse.« Butcher war überzeugt, dass die Frauen gegen Taylor und seine brutalen Horden keine Chance haben würden. »Aber zu sehen, wie die Hoffnung über die Erfahrung triumphierte, war trotzdem ein erhebendes Erlebnis.«

Leymah Gbowee glaubt bis heute nicht, dass es die Frauenproteste allein waren, die Taylors Schreckensherrschaft und den Krieg in Liberia beendeten. Doch dass sie einen Anteil daran hatten, dass die Verhandlungen über einen Frieden schließlich erfolgreich waren, davon sind sie und die Frauen in Weiß bis heute überzeugt. Als Ende April die Nachricht die Runde macht, dass die LURD-Rebellen in Sierra Leone mit Vertretern der lutherischen Kirche über mögliche Friedensgespräche reden wollen, fliegen drei Unterhändlerinnen der Frauen nach Freetown. In den Flüchtlingslagern rund um die sierra-leonische Hauptstadt, so berichten sie später, schlägt ihnen eine Welle der Sympathie entgegen. Die vertriebenen Liberianerinnen haben von den *Friedensfrauen* gehört. Sie sind mehr als bereit, ihnen in Sierra Leone zu helfen.

Als die LURD-Unterhändler in Sierra Leone eintreffen, warten bereits Hunderte Frauen auf sie. »Reist nach Ghana zu Friedensverhandlungen«, rufen sie. Andere versuchen es mit Schmeichelei: Das ganze Land hofft darauf, dass ihr Liberia rettet, sagen sie. Am Ende erklären die LURD-Rebellen sich zu Verhandlungen bereit. Ein Erfolg, den die Frauen für sich verbuchen dürfen. »Mütter, wegen euch werden wir verhandeln«, erklären die LURD-Rebellen vor der Presse.

Der Erfolg gibt den Demonstrantinnen in Monrovia weiter Auftrieb. Die Proteste halten an. Leymah Gbowee avanciert mehr und mehr zum öffentlichen Gesicht und zur Stimme der Protestierenden. Ihre wachsende Prominenz, gewollt oder nicht, ist nicht unumstritten. Doch eine andere Anführerin zeichnet sich nicht ab. Gbowee erinnert sich, wie sie sich nach besonders hitzigen Wortwechseln ratlos und allein fühlte – und wie sie ihre Sorgen immer öfter in Alkohol ertränkte. Die Proteste bleiben von den persönlichen Nöten Gbowees indes unberührt. Nur der seit Freetown erhoffte Erfolg lässt auf sich warten. Die Bereitschaft zu Verhandlungen ist das eine, tatsächliche Verhandlungen das andere. Die täglichen Proteste sind ein wichtiges Mahnmal, aber jetzt wird ein Paukenschlag gebraucht.

Der erschallt, als die Aktivistinnen eine spontane Idee in die Tat umsetzen. »Wir rufen die Frauen auf, den Männern in Liberia Sex vorzuenthalten, bis alle Männer mit dem Kämpfen aufhören und Frieden schließen.« Die Nachricht, verbreitet über lokale Radiostationen und Zeitungen, verbreitet sich wie ein Lauffeuer. Ein Sexstreik – so etwas hat Afrika noch nicht erlebt. Auf dem Land setzen die Frauen sich gemeinsam in separate Häuser, die die Männer nicht betreten dürfen. In der Stadt haben die Frauen es schwerer. »Manche kamen am Morgen mit Blutergüssen zum Sitzstreik«, so Gbowee. »Ihre Männer hatten sie geschlagen, als sie sich weigerten, mit ihnen Sex zu haben.« Nicht immer konnten die Frauen sich behaupten. Wie Gbowee aus eigener Erfahrung wusste, waren Vergewaltigungen in der Ehe weit verbreitet. Trotzdem riefen die Frauen immer und immer wieder zum Sexstreik auf – monatelang. »Es hatte wenig oder gar keine praktischen Auswirkungen«, sagt Gbowee heute. »Aber es war unglaublich wertvoll, um uns die Aufmerksamkeit der Medien zu sichern.«

Mit der Berichterstattung wächst auch die Bereitschaft von Kirchen und Gebern, die Proteste am Rand des Fischmarkts zu unterstützen. Selbst Grace Minor, Senatspräsidentin unter Taylor und die höchstrangige Politikerin des Landes, nimmt einmal an einer Mahnwache für den Frieden teil. Die Bewegung der Frauen wird zu einer Art Mikrokosmos im untergehenden Liberia, zum letzten Hoffnungsanker auch für die Männer. Selbst Gbowees Vater spricht ihr in dieser Zeit Mut zu – und unterstützt gegenüber Kritikern erstmals offen das Engagement seiner Tochter. »Gott hat sie uns geschickt, lasst sie ihre Aufgabe erfüllen«, soll er gesagt haben. Ausländische Diplomaten, die auf Vermittlungsmission nach Liberia kommen, sprechen den Demonstrantinnen ihre Anerkennung aus. »Wir hatten keinen Frieden nach

Liberia gebracht, aber unsere Arbeit gab der Nation ihr Selbstbewusstsein zurück«, hält Gbowee fest.

Am 4. Juni begannen die Friedensgespräche zwischen Taylor und den Rebellen der LURD-Bewegung in Accra. Auch diesmal fliegen Frauen dorthin, um für den Frieden zu demonstrieren – Gbowee unter ihnen. Doch die Hoffnungen auf eine schnelle Einigung platzen, als das Kriegsverbrechertribunal in Sierra Leone am ersten Tag der Friedensgespräche einen Haftbefehl gegen Taylor veröffentlicht. Ghana, so die Forderung, soll Taylor ausliefern – doch der flieht zurück nach Liberia. Ghanas Truppen lassen den gesuchten Kriegsverbrecher ziehen. Er habe kein offizielles Gesuch erhalten, sagt Ghanas Innenminister später dem britischen Rundfunksender BBC. »Ich war den ganzen Tag bei den Friedensverhandlungen und nicht in meinem Büro.«

Der Schritt der Anklage, den Haftbefehl ausgerechnet zum Auftakt der lange vorbereiteten Friedensgespräche zu veröffentlichen, ist bis heute umstritten. Befürworter glauben, die Verhaftung Taylors hätte, wäre sie erfolgreich gewesen, den Bürgerkrieg und damit das Leiden in Liberia verkürzen können. Zudem habe die Ächtung Taylor demontiert. Gbowee und andere Kritiker sehen das anders. Erstmals habe Taylor zum Auftakt der Gespräche sogar angeboten, zurückzutreten. Nur wegen des Haftbefehls seien die Verhandlungen und damit ein schnelles Ende des Bürgerkriegs geplatzt. Die Gespräche werden vertagt. Die LURD-Rebellen greifen den Stadtrand von Monrovia an.

Als die Gespräche Tage später wieder aufgenommen werden, sind die Fronten verhärtet. Die Rebellenbewegungen LURD und MODEL fordern den sofortigen Rücktritt des »verurteilten Kriegsverbrechers« Taylor als Vorbedingung.

Gbowees Frauen demonstrieren in Accra weiter für den Frieden, doch die Gespräche schleppen sich dahin. In Monrovia nimmt die Not unterdessen rapide zu. Hilfsorganisationen haben ihre Lieferungen eingestellt, nachdem drei Helfer von Rebellen verschleppt worden sind. Mitte Juni unterzeichnen die drei Kriegsparteien einen Waffenstillstand, doch kurz darauf nimmt Taylor die Zusage zurück, sein Amt aufzugeben. Die Rebellen nehmen daraufhin Monrovia so heftig unter Beschuss, dass die Bewohner die drei schlimmsten Tage bis heute 1., 2. und 3. Weltkrieg nennen. Tausende sterben. Die Überlebenden stapeln Leichen vor der US-Botschaft, weil die LURD mit modernen amerikanischen Minenwerfern angreift. Mehrere Geschosse landen mitten in einem Vertriebenenlager. Rebellen und Soldaten ziehen unterdessen im Zentrum und am Stadtrand von Haus zu Haus, plündern alles und setzen danach ganze Straßenzüge in Brand. All das erlebt Gbowee aus der Ferne, während sie in Ghana für den Erfolg der Friedensverhandlungen demonstriert.

Dort setzt sich der Stillstand fort. An einem Nachmittag, erinnert sich Gbowee, trifft sie Ellen Johnson Sirleaf, die ebenfalls in Accra ist. Die beiden Frauen tauschen Aufmunterungen aus. Doch in den Verhandlungssälen passiert nichts. Wenn die Warlords nach dem Ende der offiziellen Gespräche auf der Terrasse mit Meerblick ihre Sundowner genießen, hört Gbowee mit, wie sie über Posten und die Machtverteilung nach Kriegsende diskutieren. »Der Krieg, das war für sie ein Weg zu Macht und Geld – ein Warlord hat ganz offen gesagt, er werde erst mit dem Kämpfen aufhören, wenn ihm ein lukrativer Posten für die Zeit danach zugesichert werde.« Während Liberia unter der Gewalt stöhnt, prosten die Drahtzieher sich im fernen Ghana zu – auf Kosten von UN und Gebernationen. Bei Telefongesprächen nach Monrovia hört Gbowee unterdessen, wie Tote in den Sumpf geworfen werden, weil die Friedhöfe unerreichbar im Kampfgebiet liegen. Den Frauen platzt der Kragen. »Hätte ich eine Kalaschnikow in den Händen gehalten, ich wäre in den Konferenzsaal gelaufen und hätte alle abgeschlachtet«, erinnert sie sich.

Stattdessen versammelt Gbowee gut zweihundert Aktivistinnen und stürmt das Verhandlungsgebäude. Als die Unterhändler den Verhandlungssaal zum Mittagessen verlassen wollen, blockieren die Frauen ihnen auf dem Boden sitzend den Weg. Dem Verhandlungsführer, Nigerias Ex-Präsident Abdulsalami Abubakar, lässt Gbowee eine Nachricht zukommen. »Wir halten die Delegierten als Geiseln, vor allem die Liberianer. Sie sollen hungern und den gleichen Schmerz fühlen, den die Liberianer zu Hause erleiden müssen.« Als Sicherheitskräfte versuchen, die Frauen zu verhaften, droht Gbowee damit, sich öffentlich zu entblößen – fast überall in Afrika ein Tabu, das die Verfluchung des Gegenübers zur Folge hat. »Eine Frau zu sehen, die sich aus Ärger vor ihnen entblößt, wäre für die Männer einer Todesstrafe gleichgekommen«, sagt Gbowee. Die Polizisten weichen zurück. Abubakar sagt den Frauen seine Unterstützung zu.

»Das war der Anfang vom Ende des Kriegs«, sagt Gbowee heute. Die Atmosphäre bei den Friedensverhandlungen ändert sich: Auf einmal geht es nüchtern zu. Vereinbarungen werden unterschrieben. Anfang August landen westafrikanische Friedenstruppen in Liberia, 3.000 Soldaten. Zusammen mit ihnen gelangen dreißig Tonnen Nothilfe in die ausgehungerte Stadt. Es ist die erste Hilfe seit Monaten. Die Liberianer, die noch in der Lage dazu sind, jubeln den ankommenden Soldaten zu. »Wir wollen Frieden, keinen

Krieg mehr« – der Slogan der Frauenbewegung vom Fischmarkt ist zum Slogan der Massen geworden.

Am 10. August hält Charles Taylor seine Abschiedsrede. Sie ist so kämpferisch, dass die Liberianer bis zuletzt fürchten, Taylor könne seine Zusage in letzter Minute noch rückgängig machen. »Liberia blutet, es ist von Ausländern vergewaltigt worden«, ruft er ins Mikrofon. »Guineer und Sierraleoner schneiden unseren Frauen die Brüste ab, reißen die Herzen aus den Körpern unserer Männer und vertilgen sie vor laufender Kamera.« Die LURD-Rebellen seien von den USA trainiert und bezahlt worden, behauptet Taylor. Sich selbst nennt Taylor ein »Opferlamm« »Ich höre nicht auf, weil ich Angst vor dem weiteren Kampf habe – sondern aus Liebe für euch. Ich werde zurückkommen, so Gott will.«

Erst als Taylors Flugzeug in der Luft auf dem Weg in sein Exil in Nigeria ist, verschafft sich die Erleichterung in Monrovia Luft. Gbowee erlebt diesen Moment in Accra vor dem Fernseher. Am 14. August stellen die Rebellen die Kämpfe ein. Amerikanische Soldaten, die seit Wochen auf Kriegsschiffen vor der liberianischen Küste warten ohne einzugreifen, landen, um den Frieden zu sichern. Wenige Tage später, am 18. August 2003, wird in Accra das umfassende Friedensabkommen für Liberia unterzeichnet. Vierzehn Jahre Bürgerkrieg, fast die Hälfte von Leymah Gbowees Leben, sind vorbei. Wenige Tage später kehren Gbowee und ihre Mitstreiterinnen nach Liberia zurück, um ihren Sieg zu feiern.

5. Endlich die Ketten abstreifen

Warum Tawakkul Karman eher zufällig zur Frauenrechtlerin wurde

In Jemens Medien ist der liberianische Bürgerkrieg ebenso wenig ein Thema gewesen wie jetzt das Ende des Taylor-Regimes. Das staatlich streng kontrollierte Fernsehen strahlt vor allem Reden von Präsident Ali Abdullah Saleh, Naturfilme oder Männerrunden aus, in denen stundenlang über Banalitäten debattiert wird. Berichte über die wirklichen Probleme im Land, über die wachsende Armut, Arbeitslosigkeit und Korruption gibt es nicht. Um sich zu informieren, schalten immer mehr Jugendliche den neuen Nachrichtenkanal aus Katar *Al Jazeera* ein, der per Satellit zumindest in den Städten empfangen werden kann. Auch Tawakkul Karman, die 24 Jahre alt ist, als Charles Taylor Liberia verlässt, versorgt sich so mit Nachrichten aus der arabischen Welt und darüber hinaus. Für die junge Journalistin verkörpert der Satellitensender den Aufbruch in der arabischen Welt hin zu einer freien Berichterstattung, wie Karman sie sich auch im Jemen wünscht. »Freie Meinungsäußerung ist der erste und wichtigste Schritt, um Wandel in einer Gesellschaft zu erreichen«, sagt sie. Doch 2003 deutet noch nichts darauf hin, dass ihr Wunsch jemals Wirklichkeit werden könnte.

Tawakkul Karman stammt aus einer liberalen Mittelstandsfamilie. Ihr Vater Abdelsalam Karman, ein studierter Rechtsanwalt, ist in den 90er-Jahren Justizminister im Kabinett Salehs. Er stammt aus Taiz, Jemens bedeutendster Industriestadt, die als besonders fortschrittlich gilt. Doch kurz vor

Tawakkuls fünftem Geburtstag zieht die Familie in die Hauptstadt Sanaa, wo Karman im politischen System nach oben steigt. In seinem Amt als Justizminister aber überwirft er sich bald mit dem Militärmann Saleh. Karman will die grassierende Korruption im Machtapparat bekämpfen; Saleh, der mit Schmiergeldern und Zuwendungen seine Macht stützt und ein ihm gefälliges Patronagenetzwerk aufbaut, bremst ihn aus. Als Saleh 1994 dann noch den Ausnahmezustand erklärt und Truppen in den erst seit vier Jahren wiedervereinigten Süden des Landes schickt, um eine neue Sezessionsbewegung niederzuschlagen, tritt Karman als Minister zurück. Er verlässt auch die Regierungspartei und wird Mitglied der Bewegung *Islah* (Reform), neben den Sozialisten aus der einstigen Volksrepublik im Südjemen und einigen schiitischen Kleinparteien die offizielle Opposition. Die *Islah* ist eine Sammlungsbewegung. Zu ihr gehören Demokraten ebenso wie moderate oder extremistische Islamisten und vor allem der einflussreiche Stamm der *al-Ahmar*.

Man kann annehmen, dass in Tawakkul Karmans Elternhaus viel über Politik geredet wurde. Vor allem aber lässt der Vater seinen Töchtern die gleichen Freiheiten, die in konservativeren Familien nur Söhne genießen dürfen. Tawakkuls Schwester Safa zieht nach dem Studium nach Katar, um dort für *Al Jazeera* zu arbeiten. Ihr Bruder Tarek schreibt Gedichte – bald gilt er als einer der wichtigsten Lyriker des Landes. Tawakkul selbst studiert an der Universität von Sanaa Verwaltungswissenschaft und Politik. Zeitgleich beginnt sie, sich in der Partei ihres Vaters zu engagieren. Kommilitonen und Mitstreiter beschreiben die Studentin als eine stille Aktivistin, die – wie die anderen Frauen auch – mit langem, schwarzen Gewand, Kopftuch und *Niqab*, dem Gesichtsschleier, an Treffen teilnimmt. Dabei setzt sie sich besonders für die Einbeziehung von Gewerkschaften in die Arbeit der *Islah* ein.

An der Universität von Sanaa wird Anfang des neuen Jahrtausends viel über die politische Lage im Land diskutiert. Es herrscht zwar keine Revolutionsstimmung, doch das Land im äußersten Süden der Arabischen Halbinsel ist auch nicht so rückwärtsgewandt, wie es nach außen hin den Anschein hat. Im Ausland gilt Jemen nicht nur als ärmster, sondern auch als konservativster Staat der arabischen Welt. Seine Geschichte reicht weit in alttestamentarische Zeiten zurück. Die Gebeine von Kain und Abel sollen nahe der Stadt Aden begraben liegen, sagen manche. Andere glauben sogar, dass es sich bei Jemen um das biblische Paradies handelt. Es wirkt nicht abwegig, wenn man die Altstadt von Sanaa mit ihren stuckverzierten Häusern erblickt. Das Weltkulturerbe der UNESCO ist die angeblich älteste durchgehend belebte Siedlung der Welt. Die Gründung von Sanaa wird auf Sem, den Sohn Noahs, zurückgeführt, der nach der Sintflut hier die erste Stadt errichtet haben soll. Später residierte nicht weit von hier die Königin von Saba. Der Anblick des dicht bebauten Häuserensembles der Altstadt, wie es in der Morgensonne rot leuchtend erstrahlt, versprüht die Magie eines Märchens aus Tausend und einer Nacht. Man kann hier leicht den Eindruck gewinnen, es habe sich seit Jahrtausenden nichts verändert. Frauen ziehen voll verschleiert durch die engen Gassen. Männer tragen vor dem Bauch den traditionellen Dolch, den *Jambiyya*. Sobald die Sonne den Zenit überschritten hat, sitzen sie mit Freunden bei einem Beutel Khat zusammen, den bitteren, leicht narkotischen Blättern eines immergrünen Busches, die stundenlang im Mund gekaut werden und dabei Amphetamine abgeben. Das öffentliche Leben kommt durch den Khat-Konsum nach und nach zum Stillstand und beginnt erst wieder in der Abenddämmerung.

Trotz der zur Schau gestellten Traditionen ist Jemen ein Land, das in extrem kurzer Zeit einen rapiden Wandel durchgemacht hat, politisch, sozial und kulturell. Bis zu einem Militärputsch 1962 wurde der Norden Jemens noch von einem göttlichen Herrscher, dem Imam, regiert. Weite Teile des Landes waren nur durch tagelange Kamelreisen erreichbar. Es gab kaum Straßen, kaum Krankenhäuser, Schulen oder andere weltliche Institutionen. Ausländer waren unerwünscht, und der Imam untersagte es seinen Untergebenen, im Ausland zu studieren – beides aus Angst, fremde kulturelle Einflüsse könnten nach Jemen gelangen oder das Land gar modernisieren. Der Süden Jemens wurde von Großbritannien erst 1967 in die Unabhängigkeit entlassen.

Auch wenn vor allem Jemeniten auf dem Land bis heute unter einfachsten Bedingungen leben und konservative Muslime sind, die manche weltliche Entwicklung gerne zurückdrehen würden, hat sich das Leben in Jemen grundsätzlich verändert. Heute binden Straßen auch entlegene Teile des Landes an, obwohl die Infrastruktur nach westlichen Maßstäben (und nach den Wünschen mancher Stämme) immer noch zu wünschen übrig lässt. Satellitenfernsehen und das Internet haben den Horizont der Menschen weit über Jemen hinaus geöffnet.

Die Stämme, die traditionellen Einheiten des Landes, haben nach wie vor einen großen Einfluss und herrschen weitgehend autark. Doch seit der Wiedervereinigung Jemens, die 1990 dem Intermezzo eines sozialistischen Staates in Süd-Jemen, der einzigen Volksrepublik in Arabiens Geschichte, folgte, gibt es zusätzlich zu der Autorität der Stammesführer einen Zentralstaat. Die Verfassung, die während der überhasteten Vereinigung in nur sechs Monaten ausgearbeitet wurde, galt lange Zeit als eine der modernsten in der arabischen Welt. Obwohl sie im täglichen Leben kaum Anwendung findet, haben Oppositionelle bis heute auf dem Papier mehr Freiheiten als in anderen arabischen Ländern. Allein die Tatsache, dass die *Islah* und andere Oppositionsparteien existieren und im Parlament vertreten sind, wäre auf der restlichen Arabischen Halbinsel undenkbar. Saudi-Arabien etwa kritisierte die neue Verfassung bei ihrer Präsentation als unislamisch. Die wahre Macht im Staat haben allerdings nicht die verfassungsmäßigen Institutionen, sondern allein der Präsident und ein kleiner Kreis engster Berater, der von Analysten auf maximal fünfzig Personen geschätzt wird.

Ebenso radikal wie die politische Struktur hat sich die wirtschaftliche Situation im Land geändert: In den 70er- und 80er-Jahren lebte Jemens Ökonomie vor allem von dem Geld, das Gastarbeiter in anderen arabischen Staaten nach Hause schickten. Bis zu einer Million Gastarbeiter waren alleine in den Golfstaaten beschäftigt. Dann marschierte der Irak in Kuwait ein, und Jemens Präsident Saleh hielt als einer der wenigen Herrscher am Golf zu Saddam Hussein. Als Vergeltung wurden die Gastarbeiter ausgewiesen, mehr als eine Million kehrten ohne Arbeit zurück. Zwar wurde kurz darauf zum ersten Mal Öl aus Jemen exportiert, doch die Erlöse versickern bis heute im korrupten Herrschaftssystem. Der ökonomische Wandel hat den sozialen Zusammenhalt grundlegend verändert: Als Gastarbeiter Geld schickten, waren die Bürger reich und vergleichsweise unabhängig. Der Staat war arm und musste sich um seine Finanzbasis bemühen. Heute ist es umgekehrt: Die Masse der Bevölkerung ist arm und abhängig von Zuwendungen des reichen Staats, der sich damit Zustimmung erkauft. Allerdings sagen Geologen voraus, dass Jemens Ölvorkommen in spätestens fünfzehn Jahren versiegt sein werden. Schon jetzt sinken die Einnahmen aus dem Ölgeschäft, die mehr als zwei Drittel der Staatseinnahmen ausmachen, rapide. Das bisherige, durch Petrodollars gestützte Patronagesystem wackelt.

Als Tawakkul Karman an der Universität ihre ersten politischen Aktivitäten aufnimmt, ist das System Salehs noch unangefochten. Vor allem die Unterstützung aus den USA, denen sich Saleh nach den Anschlägen vom 11. September 2001 als Verbündeter angeboten hat, stärkt den Potentaten. Viel Geld kommt zudem aus Saudi-Arabien, dessen Herrscher vor allem aus innenpolitischen Gründen Stabilität im südlichen Nachbarstaat wollen. Saleh hat Geld, und wer Geld hat, hat in Jemen die Macht. Niemand zweifelt den Herrscher an, der schon seit 1978 an der Staatsspitze (erst im Nordjemen, dann im wiedervereinigten Jemen) steht.

Die Unzufriedenheit der Studenten und generell der jungen Jemeniten, die weit mehr als die Hälfte der Bevölkerung ausmachen, wendet sich deshalb noch nicht gegen das Regime an sich. Auch Tawakkul Karman will zu diesem Zeitpunkt Reformen, keine Revolution. Sie will ein Leben in Freiheit, aber es darf ein bürgerliches Leben sein. Tawakkul Karman heiratet früh, mit ihrem Mann Mohammed al-Nahmi hat sie bald drei Kinder. Als Journalistin schreibt sie für die Tageszeitung *al-Thawra*. Trotz ihres Namens (*al-Thawra* bedeutet Revolution) ist das auflagenstärkste Blatt in Jemen keine Revoluzzer-Postille, sondern eine Regierungszeitung.

Doch Karman merkt schnell, dass sich ihre Vorstellung von Journalismus und die des Regimes nicht decken. Zensur gehört zu ihrem Alltag. Was sie bewegt oder gar aufregt, darf

Tawakkul Karman nicht schreiben. Später sagt sie, es sei eine Geschichte ganz alltäglicher Unterdrückung gewesen, die sie zu der Aktivistin gemacht hat, die sie heute ist. »Ich habe verfolgt, wie ein Scheich Dorfbewohner in der Provinz Ibb, südlich von Sanaa, von ihrem Land vertrieben hat, um sich daran zu bereichern«, erklärt sie. Scheichs sind die traditionellen Führer, die an sich ihre Dorfgemeinschaft repräsentieren und verteidigen sollen. Doch in Salehs Jemen sind die meisten Scheichs zu korrupten Befehlsempfängern des Regimes verkommen, die aus Sanaa und oft noch zusätzlich von Saudi-Arabiens Königshaus bezahlt werden. Weil sie Teil der Staatsmaschinerie sind, gelten sie als unantastbar. »Der Scheich in Ibb war korrupt, aber niemand konnte etwas gegen ihn unternehmen. Mir wurde klar, dass man protestieren muss, um das Regime zu verändern.«

Tawakkul Karman macht keine halben Sachen. Sie engagiert sich für das Verbot der Zwangsheirat und der Heirat von Minderjährigen, die in Jemen immer noch weit verbreitet ist. Damit legt sie sich erstmals mit den islamistischen Kräften in der *Islah*-Partei an. »Die Extremisten hassen mich«, sagt sie. »Sie lassen in den Moscheen gegen mich hetzen und verdammen mich als unislamisch.« Zur *Islah* entwickelt sie mit der Zeit ein gespaltenes Verhältnis. Die Partei sei für sie als Frau die beste Möglichkeit gewesen, politisch Einfluss zu nehmen, sagt sie. Hier schafft sie es als eine von nur 13 Frauen in eines der wichtigsten Führungsgremien. Doch auf der anderen Seite ist der islamistische Flügel der *Islah* stark. Zu seinen berüchtigtsten Exponenten gehört Abdul Majid al-Zindani, den die USA wegen seiner einst engen Verbindungen zu Osama bin-Laden als Terrorist suchen. »Ich spreche nicht für die *Islah*-Partei und ich bin nicht an ihre Beschlüsse gebunden«, erklärt sie ihr Verhältnis zur *Islah*. »Es sind allein meine Überzeugungen, die meine Positionen prägen, und ich frage niemanden um Erlaubnis.«

Gefährten sagen, die zierliche Frau mit dem gewinnenden Lächeln kann stur und eigensinnig sein. Diese Eigenschaften demonstriert Tawakkul Karman etwa 2004, als sie bei einem Kongress ein Papier zum Thema Menschenrechte vorstellt. Kurz vor ihrer Präsentation entscheidet sie sich, ihren Gesichtsschleier abzunehmen. Stattdessen hält sie ihre Rede mit einem der farbenfrohen Kopftücher, die inzwischen zu ihrem Markenzeichen geworden sind. »Ich hatte gemerkt, dass das Verschleiern mit meiner Arbeit als Aktivistin nicht vereinbar war«, erinnert sie sich. »Die Leute müssen dich sehen und ein Verhältnis zu dir aufbauen.« Der *Niqab*, betont sie, sei keine Pflicht, die ihre Religion ihr auferlege. »Er ist nicht mehr als eine Tradition, und ich habe mich entschieden, mit ihr zu brechen.«

Karmans Engagement gilt nach wie vor der Pressefreiheit. Aber als eine der wenigen Aktivistinnen in Jemens männerdominierter Gesellschaft ist es fast unvermeidlich, dass sie sich auch für Frauenrechte einsetzt. Außerdem liest sie die Biografien prominenter Menschenrechtler: Martin Luther King, Nelson Mandela, Mahatma Ghandi. Ihr erfolgreicher, gewaltloser Widerstand fasziniert Karman. In Jemen, wo nahezu jeder Mann eine Waffe besitzt (und bei Bedarf auch benutzt), scheint so etwas unmöglich.

Am 8. März 2005 verkündet Tawakkul Karman die Gründung der Nichtregierungsorganisation *Journalistinnen ohne Grenzen*, die sie später – auf Druck der Regierung, die die Gruppe unter diesem Namen nicht registrieren will – in *Women Journalists Without Chains* (Journalistinnen ohne Ketten) umbenennt. Was sie als Journalistin nicht geschafft hat, will sie als Aktivistin erreichen: die rigide Zensur im Land abschaffen. Schon bei der Gründung verkündet sie aber, auch für andere Menschenrechte eintreten zu wollen. »Man kann das eine nicht vom anderen trennen. Unser Ziel ist es, für Menschenrechte vor allem von Frauen einzutreten und Frauen überall im Mittleren Osten zu stärken, damit auch sie zur Selbsthilfe in der Lage sind.« Zu Karmans Team der ersten Stunde gehören sieben weitere Journalistinnen, die bei Tageszeitungen und der staatlichen Nachrichtenagentur *Saba* arbeiten.

Als Erstes überlegen die Frauen, wie sie die Öffentlichkeit erreichen können. Berichte über die Organisation sind in den Zeitungen, die sämtlich eine Regierungslizenz brauchen, nur selten zu finden – in den elektronischen Medien, Radio und Fernsehen, die der Regierung direkt unterstehen, überhaupt nicht. Die Idee der Frauen ist so einfach wie genial: Sie wollen einen Infodienst einführen, bei dem Menschenrechts-Informationen per SMS verschickt werden. In Jemen haben sich Mobiltelefone wie in vielen Entwicklungsländern weltweit als wichtigstes Kommunikationsmittel durchgesetzt. Als Handys auf den Markt kommen, hat kaum jemand einen Festnetzanschluss. Internetzugänge kennen die Jemeniten – wenn überhaupt – aus Internetcafés, deren Benutzung für viele von ihnen zu teuer ist. Wer kann, schafft sich deshalb ein Mobiltelefon an. Es macht aus Arbeitslosen Unternehmer: Wer erreichbar ist, kann Aufträge bekommen und Geld verdienen. Auch mehr und mehr Frauen besitzen ein Mobiltelefon.

Die Idee der Aktivistinnen kommt an – binnen kürzester Zeit abonnieren Hunderte den SMS-Dienst. Den Journalistinnen vertrauen die Empfänger. Ihnen nimmt man – zu Recht – ab, dass ihre Informationen wahr sind und nicht durch die staatliche Zensur gefälscht worden sind. Die Kontrolleure im Informationsministerium sind außer sich. Sie weisen das Ministerium für Telekommunikation an, den

Dienst zu stoppen – angeblich, weil es keine Gesetzesgrundlage für SMS-Dienste wie den von Tawakkul Karman gibt. Karman verteidigt sich: Wo es keine Gesetze gibt, gibt es schließlich auch keine Grundlage für ein Verbot. Selbst im Parlament regt sich Widerspruch: Eine Mehrheit der Abgeordneten beschließt eine Resolution, Karmans SMS-Dienst müsse wieder genehmigt werden. Doch das Ministerium ignoriert die Volksvertreter, es zwingt Anbieter von SMS-Diensten, Anträge auf Zulassung zu stellen. Dutzende kommen der Forderung nach, auch die *Journalistinnen ohne Ketten*. Ihr Antrag ist der Einzige, der nicht genehmigt wird.

Doch Karman lässt sich nicht kleinkriegen. Als Nächstes stellt die Organisation einen Antrag auf Zulassung eines Radiosenders. Als der Antrag abgelehnt wird, legt sie Beschwerde ein – und beantragt zusätzlich die Zulassung eines Fernsehsenders. »Dieses gestrige Ministerium ist das Problem eines jeden Jemeniten«, wettert sie. »Ein Blick ins jemenitische Fernsehen, und man sieht, wo die Wurzel allen Übels liegt: Die Verherrlichung des Präsidenten ist das Einzige, worauf es den Kontrolleuren des Ministeriums ankommt. Solange sich diese Mentalität der Kontrolleure und Minister nicht ändert, wird es keinen Fortschritt hin zu freien Medien in Jemen geben.«

Die Journalistinnen entscheiden, die Öffentlichkeit direkt von ihren Forderungen zu informieren: Sie gehen auf die Straße. Auf dem größten Platz der Stadt veranstalten sie jeden Dienstag Sitzstreiks, bringen Schilder und Transparente mit. Polizisten greifen immer wieder ein, verprügeln Demonstrantinnen oder verschleppen sie. Doch die Frauen bleiben unbeeindruckt – und kommen am nächsten Dienstag wieder. »Mal waren es nur ich und meine Freundinnen, mal waren wir Hunderte«, erinnert sich Karman. Im August

2007, es ist der vierzehnte Protestdienstag, bringen die Frauen auf ihren Plakaten und Transparenten Zahlen und Namen mit: eine schwarze Liste der größten Zensoren im Land, die sie mit Hilfe von Menschenrechtsgruppen und Kolleginnen zusammengestellt haben. Alle bekannt gewordenen Zensuren zwischen 2005 und 2007 haben die Frauen aufgeführt und sortiert.

Zensur ist illegal in Jemen; die Verfassung garantiert auf dem Papier Pressefreiheit. Umso beschämender ist, was unter der Überschrift »Wer verletzt die Pressefreiheit am meisten?« zu lesen ist. Am meisten zensiert die nationale Sicherheitsbehörde, Jemens Geheimdienst: 96, mehr als ein Viertel aller bekannt gewordenen Verstöße, werfen die Frauen ihnen vor. Für beinahe genauso viele, 95, ist das Informationsministerium verantwortlich; es folgen das Innenministerium mit 54 Verstößen gegen die Pressefreiheit und weitere staatliche Institutionen mit noch einmal 56 Verstößen. »Wir wollen an niemandem Rache üben«, erklärt Karman während der Protestaktion. »Es geht uns nur darum, dass bekannt wird, wer die Presse in ihrer Aufgabe behindert, damit die eklatanten Verstöße gegen die Pressefreiheit schnell ein Ende haben.«

Mehrere Abgeordnete unterstützen die Proteste der Journalistinnen und verurteilen, dass die Sicherheitskräfte gegen die friedlich Demonstrierenden vorgehen. »Die Autoritäten gehen falsch mit diesen Protesten um«, sagt etwa der Abgeordnete Aidroos al-Naqib, der im Medienausschuss des Parlaments sitzt. »Diese Frauen wollen nicht mehr als ihre Grundrechte.« Das betont auch Karman immer wieder. »Dies ist ein direkter Aufruf an alle, die auf unserer schwarzen Liste stehen, sich zu reformieren und Gesetz und Verfassung einzuhalten, die Grundpfeiler unserer Freiheit und unserer Bürgerrechte.«

Die Regierung aber reagiert mit noch mehr Restriktionen, die die Pressefreiheit weiter einschränken sollen. 2009 legt das Informationsministerium den Entwurf für ein neues Mediengesetz vor, der Tawakkul Karman zugespielt wird. Karman verurteilt das Gesetz als ein »Werkzeug, mit dem die Regierung die Medien und jede freie Meinungsäußerung kontrollieren will«. Inzwischen gibt es auch in Jemen Blogger. Organisationen wie die *Journalistinnen ohne Ketten* veröffentlichen zudem immer mehr kritische Informationen auf ihren Webseiten. Viele dieser Seiten richten sich auch an kritische Leser im Ausland, was Jemens Präsident Saleh besonders stört. Denn bisher ist das Außenbild Jemens geprägt durch eine kleine, englischsprachige Minderheit, die überwiegend der Elite angehört und der Regierung nahesteht. Die Wahrheit etwa über das Ausmaß der Bedrohung durch das Terrornetzwerk *al-Qaida*, die viel geringer ist, als von der Regierung dargestellt, gefährdet die Zahlung der Hilfsgelder vor allem aus den USA, von denen Salehs Regierung zunehmend abhängig ist.

Das neue Gesetz soll deshalb Internetveröffentlichungen einen Riegel vorschieben, ohne sie zu verbieten. »Können Sie sich vorstellen, dass für eine Medienwebseite mehr als 100.000 US-Dollar Gebühr bezahlt werden sollen?«, empört sich Karman. »Welcher Journalist in Jemen hat denn bitte schön so viel Geld?« Karman findet zudem heraus, dass ein Zehntel aller fälligen Gebühren auf ein Konto überwiesen werden soll, auf das nur der Informationsminister persönlich Zugriff hat. Offensichtlicher kann Korruption gar nicht sein, findet Karman. »Das widerspricht direkt der Haushaltsgesetzgebung.«

Zur Verurteilung von Journalisten und Medien hat das Informationsministerium schon 2009 ein Sondertribunal eingerichtet. Das neue Gesetz soll jetzt den Minister alleine in die Lage versetzen, Strafen gegen missliebige Journalisten zu verhängen. Das System schlägt zurück – mit voller Macht. Und Tawakkul Karman beginnt langsam, aber sicher daran zu zweifeln, dass Reformen die Lage in Jemen verbessern können. Doch noch fehlt ihr und ihren Mitstreiterinnen die Fantasie, um sich mehr als das – eine Revolution, einen Aufstand der Massen – vorzustellen.

6. Frau Präsidentin soll den Frieden sichern

Männer haben Liberia zerstört, Frauen bauen es
wieder auf

Gleich beginnt die Vorstellung. Man merkt es daran, dass
jemand den Generator angeworfen hat. Die altertümliche
Dieselmaschine dröhnt so gewaltig, dass selbst Fußgänger
auf der anderen Straßenseite zum Relda, dem letzten Kino
Liberias, herüberschauen. Die Fassade des einstigen Film-
palastes im Zentrum von Monrovia ist bis heute vernarbt
von Schüssen und Granateneinschlägen. An der Tafel hängen
die Buchstaben A, P und R vermutlich schon seit Jahren
herunter. Doch was gezeigt wird, weiß ohnehin jeder: einer
der Schinken aus Nigerias Filmfabrik Nollywood, in dem
Männer sich um die Ehre schlagen, Frauen schrill schreien
und Hexenmeister die Geschicke der Protagonisten lenken.
Bis zum Ende, wenn das Gute siegt.

Das Relda-Kino ist nicht die einzige Ruine in Monrovia, aus
der noch das letzte bisschen Lebenskraft gequetscht wird.
Acht Jahre nach Ende des Bürgerkriegs liegt die Stadt
immer noch weitgehend in Trümmern. Versuche, sie wieder
aufzubauen, scheitern an fehlendem Gerät, dem nötigen
Kapital oder unklaren Besitzverhältnissen. Also haust man in
Ruinen – und flüchtet, wenn man es sich leisten kann, in die
Traumwelt made in Nigeria.

Der bullige Mann am Eingang verlangt 50 Liberty-Dollar,
weniger als einen Euro, für den Eintritt. Für viele, gut die
Hälfte der Bevölkerung, ist das ein Tageslohn. Wer zahlt,
erwirbt das Recht, auf einem der abgewetzten Kinosessel im

gespenstisch nackten Saal Platz zu nehmen, der fatal an das Innere eines Luftschutzbunkers erinnert. Ein Projektor wirft das fahle Bild auf die halbwegs weiße Wand an der Front. Weil der tropische Regen auf das notdürftig mit Pappkartons und Wellblech geflickte Dach trommelt, kommt vom Ton kaum etwas an. Doch das ist nicht so schlimm, denn die Stimmung im Saal ist definitiv wichtiger als das Geschehen auf der Leinwand. Lautstark kommentieren die Kinogäste die Story, das Aussehen der einen oder den entsetzten Gesichtsausdruck der anderen Schauspielerin. Statt Popcorn knabbern die Kinobesucher Fisch von seinen Gräten. Frauen mit Körben auf dem Kopf, die behände den dunklen Gang entlanglaufen, sorgen ständig für Nachschub. Irgendwann weicht das Bild einer undurchdringlichen Schwärze. Der Generator gurgelt ein letztes Mal und stoppt. Die Vorstellung ist aus. Draußen wartet die trostlose Realität.

Wer 2011 durch die Straßen der Hauptstadt Monrovia läuft, hört viel Unmut. Vier von fünf Liberianern sind ohne Arbeit, Grundnahrungsmittel – allem voran Reis – werden immer teurer. Diesmal ist es nicht die Regierung, sondern der Markt, der die Preise steigen lässt. Doch dem Durchschnittsliberianer, der einen US-Dollar am Tag oder noch weniger verdient, ist die Ursache egal. Er will, dass es ihm besser geht, und das am besten gleich. Dem UN-Entwicklungsindex zufolge geht es weltweit nur fünf Ländern schlechter als Liberia. Obwohl die Regierung unter Präsidentin Ellen Johnson Sirleaf einen Aufschwung attestiert, profitieren viele Liberianer nicht direkt davon. Ihre Ungeduld wächst. »Meine größte Sorge sind die arbeitslosen jungen Männer, ehemalige Kindersoldaten und Rebellen, die für sich keine Zukunft sehen«, gibt die inzwischen 73-jährige Ellen Johnson Sirleaf zu.

Dabei geht es Liberia fraglos besser als direkt nach dem Bürgerkrieg und womöglich so gut wie seit Jahrzehnten nicht mehr. Der britische *Economist* hat Johnson Sirleaf zu Recht zum »fraglos besten Staatsoberhaupt« gewählt, »das Liberia je hatte«. Die Investoren sind zurück. Und auch wenn der Aufbau langsam vorangeht, er geht voran. Vor allem aber herrscht Frieden. Keine geringe Errungenschaft angesichts der jüngsten Geschichte, auch wenn sie weniger großartig wirkt, wenn man mit leerem Magen in einer Hütte aus Lehm und Pappkartons im Slum sitzt und nicht weiß, wo man heute eine Tasse Reis herbekommen soll.

Als Charles Taylor Liberia 2003 verlassen hat, wird langsam das Ausmaß der Zerstörung offenbar. Eine Viertelmillion Menschen sind im Bürgerkrieg umgekommen. Jeder dritte Liberianer ist vertrieben worden; genauso viele, mehr als eine Million, leiden Hunger. Drei Viertel der Bevölkerung leben unterhalb der Armutsgrenze. Von der Infrastruktur ist nur noch ein Viertel benutzbar, der Rest ist zerstört. Eine vernichtende Bilanz. Auch der Frieden ist zunächst wacklig. Trotz der gut 15.000 UN-Soldaten gibt es immer wieder Gefechte. Bei Überfällen auf Dörfer im Norden Liberias kommen Dutzende Menschen ums Leben. Die Rebellen, die das Dorf angegriffen haben, erbeuten Nahrungsmittel, die die UN-Soldaten gerade erst verteilt haben. Es ist eine Mischung aus Gewohnheit und mörderischem Mundraub, Folge auch von Fehlern bei der humanitären Hilfe, die die Liberianer auf dem Land nur nach und nach erreicht.

Die staatlichen Strukturen liegen genauso in Trümmern wie das Land. Ellen Johnson Sirleaf wird Vorsitzende der *Governance Reform Commission*, einer autonomen Kommission zur Reform der Regierungsführung, die Teil des in Accra geschlossenen Friedensvertrags ist. Eigentlich wollte sie Übergangspräsidentin werden: Bei den Wahlen erhält sie in der ersten Runde sogar die meisten Stimmen. Doch dann behalten die drei Parteien des Friedensvertrags, die Rebellengruppen LURD und MODEL sowie Taylors Unterhändler, sich vor, den Übergangspräsidenten selbst auszusuchen. Sie wählen Gyude Bryant, einen politisch bisher weitgehend unerfahrenen Geschäftsmann, der fast den ganzen Bürgerkrieg in Liberia verbracht hat. Nicht wenige Kommentatoren begrüßen seine Wahl als ein Zeichen des Neuanfangs, jenseits der Konfliktlinien des Bürgerkriegs. Doch Johnson Sirleaf macht andere Gründe aus. Sie glaubt, dass die Bürgerkriegsparteien jetzt die Früchte ihres Kampfes ernten wollen. Der von Johnson Sirleaf avisierte Sparkurs käme da höchst ungelegen.

Die Kommission, die Johnson Sirleaf stattdessen übernimmt, interpretiert sie – kaum überraschend – als eine Art Parallelregierung. »Unser Mandat war es, die Übergangsregierung zu überwachen und gleichzeitig eine Art Elternrolle zu übernehmen«, sagt sie. Die Kommission soll Strukturen schaffen, die eine effiziente, transparente und rechenschaftspflichtige Regierungsarbeit ermöglicht. Am liebsten würde Johnson Sirleaf den aufgeblähten, nur für Korruption und Unfähigkeit bekannten Beamtenapparat komplett durch eine kleine, professionelle Verwaltung ersetzen. Doch dazu bekommt sie keine Chance. Das Mandat der Kommission ist in den Friedensverträgen nicht umsonst allgemein gehalten worden. Johnson Sirleaf hat keine Möglichkeit, die Empfehlungen ihrer Kommission durchzusetzen.

Währenddessen bedienen sich Rebellen und Taylor-Anhänger gleichermaßen aus der Staatskasse. Die Korruption geht weiter wie zuvor. Manch einer sieht die Übergangsregierung als seine letzte Chance an, sich zu bereichern, bevor 2005 gewählt wird. Auch Ellen Johnson Sirleaf richtet ihren Blick auf die Wahlen. Diesmal, glaubt sie, kann sie gewinnen.

Nicht viele denken so. Journalisten und Diplomaten wetten auf George Weah, den jungen, charismatischen und nicht zuletzt vermögenden Fußballstar. Afrikas »Fußballer des Jahrhunderts« ist der Samuel Eto'o der 90er-Jahre. In Liberia wird er wie ein Volksheld verehrt. Nicht nur sein Können auf dem Platz macht ihn so beliebt. Noch mehr zählt sein Aufstieg: Geboren in einem der berüchtigsten Slums von Monrovia, spielt er zunächst auf der Straße und auf matschigen Plätzen. Ende der 80er-Jahre wird der Schulabbrecher, der als Telefontechniker jobbt, entdeckt. Er spielt in Monaco, später in Paris und beim AC Mailand. Weah ist der gelebte liberianische Traum, in dem es jeder ganz nach oben schaffen kann, wenn er nur gut genug ist. Dass so ein Mann gegen eine alternde, in vergangenen Konflikten verbrauchte Politikerin aus der Mittelklasse verlieren kann, kann sich kein Analyst vorstellen. »Der amerikanische Botschafter sprach mich an und fragte: Glauben Sie nicht, dass dieses Land ein frisches Gesicht an der Spitze braucht?«, erinnert sich Johnson Sirleaf. »Und ich antwortete Wenn ich mir die Zerstörungen und das Maß der Herausforderungen in diesem Land ansehe, bin ich mir überhaupt nicht sicher, ob wir ein junges, frisches, unerfahrenes Gesicht an der Spitze des Landes brauchen.«

Es sind die Frauen, die schließlich den Ausschlag geben. Seit Ende des Bürgerkriegs hat Leymah Gbowee sich um ihre Belange gekümmert. Sie ist immer noch eine Graswurzelaktivistin. Wenn sie Fehler der UN beim Wiederaufbau in Liberia anprangert, muss sie darum kämpfen, Gehör zu finden. Mit ihrer Erfahrung im Umgang von Kindersoldaten helfen die Frauen von WIPNET, Taylors *Small Boys Units* zu entwaffnen – eine Aufgabe, bei der die UN zunächst scheitern. Die Frauen gestalten Radioprogramme in den Stammessprachen, um die Masse der Liberianer zu erreichen, die nicht lesen und oft auch kein Englisch verstehen kann. »UN-Organisationen tun viel Gutes«, erinnert Gbowee sich in ihren Memoiren. »Aber es gibt ein paar grundlegende Wahrheiten, die sie nicht verstehen: etwa, dass jeder Krieg anders ist und dass es keine Patentrezepte gibt. Und dass Menschen, die einen schrecklichen Konflikt durchlebt haben, hungrig und verzweifelt sein mögen, aber nicht dumm – sie wissen oft sehr gut, wie Frieden geschaffen werden kann.« Das gilt vor allem für Frauen, ist sich Gbowee sicher. »Wenn es darum geht, Konflikte zu verhindern oder Frieden zu schaffen, sind Frauen die geborenen Experten.«

Während Ellen Johnson Sirleaf sich einen Wahlkampfapparat zusammenstellt, der gegen alle Wahrscheinlichkeit ihren Sieg sichern soll, ist Leymah Gbowee viel im Land unterwegs. Sie spricht mit traumatisierten Kriegsopfern und merkt schnell, dass diese nicht nur psychologische Hilfe brauchen. »Ein Mann erzählt dir: Ich habe mein ganzes Leben gearbeitet, um meine Familie zu versorgen und mein Haus zu bauen. Im Krieg wurde mein Sohn ermordet und mein Haus niedergebrannt.« Hinter einer solchen Geschichte, von der es viele gibt, stecken tatsächlich tiefe seelische Verletzungen. Aber nicht nur, sagt Gbowee. »Was er dir sagen will, ist das: Ich bin sechzig Jahre alt, der Sohn, der mich im Alter versorgen sollte, ist tot, und mein Haus, der letzte Schutz, den ich hatte, ist weg.« Was der alte Mann also braucht, ist ein Haus. Doch genau solche Hilfe ist schwer zu bekommen. Während Millionensummen in Entwaffnungsprogramme und Friedenserhaltung gesteckt werden, fehlen in Liberia die Gelder für den Wiederaufbau im

Kleinen. Gbowee ist besorgt, denn sie glaubt, dass das Fehlen dieser grundlegenden Versorgung eine der Ursachen des Bürgerkriegs gewesen ist. Doch tun kann sie wenig.

Im Mai 2005 nimmt Johnson Sirleaf ihren Wahlkampf auf. Ein über Ecken befreundeter Berater, der schon dem madagassischen Geschäftsmann Marc Ravalomanana zum Präsidentenamt verholfen hat, führt für sie zwei Wochen lang im ganzen Land Befragungen durch und kommt – selbst überrascht – mit guten Ergebnissen zurück. Eine überwältigende Mehrheit will eine gut ausgebildete Person zum Präsidenten haben. Ein Slogan Johnson Sirleafs lautet später: »Who know book? Ellen knows book« – »Wer weiß Bescheid? Ellen weiß Bescheid« im Pidgin-Englisch der Liberianer. Vor allem aber halten überraschend viele Befragte eine Frau an der Staatsspitze für eine ganz und gar nicht abwegige Idee – im Gegenteil. »Die Männer sind gescheitert«, sagen viele. »Sie sind zu gewalttätig«, sagen andere. Frauen gelten als ehrlich und damit kaum korrumpierbar. Auf einmal erscheinen Johnson Sirleafs Ambitionen in einem anderen Licht, zumal Weah fast ausschließlich von jungen Wählern unterstützt wird. Unterm Strich lautet das Urteil des Experten: »Du kannst es schaffen.«

Insgesamt treten 22 Kandidaten an. Johnson Sirleaf setzt darauf, dass selbst George Weah in diesem Umfeld nicht die erforderliche absolute Mehrheit bekommen kann. Schon früh im Wahlkampf versucht sie deshalb, keinen ihrer Kontrahenten zu vergrätzen – schließlich könnte sie in der Stichwahl noch auf seine Unterstützung angewiesen sein. Ansonsten kleckert Johnson Sirleaf nicht, sie klotzt. Sie lässt Hunderttausende Plakate in China drucken und einschiffen, verbringt Monate im Wahlkampf auf dem Land, auch in Ecken, wo sie chancenlos ist. Flugblätter wirft sie in unwegsamen Gegenden auch mal vom Hubschrauber aus ab. Zwei Millionen US-Dollar investiert sie in den Wahlkampf, weil sie weiß, dass diese Chance auf die Präsidentschaft ihre letzte sein wird.

Trotz der Materialschlacht überzeugt Ellen Johnson Sirleaf nicht alle. Leymah Gbowee erinnert sich, wie begeistert sie von der Idee war, Liberia könne von einer Frau geführt werden. »Aber bei dieser speziellen Frau hatte ich zwiespältige Gefühle: Ich fand, dass ihr Verhältnis zu Taylor immer noch ungeklärt war, und ich hatte Angst, es könnte wieder Krieg geben.« Vor allem trägt Gbowee Ellen Johnson Sirleaf das Radiointerview nach, das sie als Jugendliche zu Bürgerkriegsbeginn gehört hat: »Wenn Taylor den Präsidentenpalast zerstören muss, um Doe zu vertreiben, bauen wir ihn halt wieder auf.« Nach allem, was danach geschah, erscheint das Interview nicht nur ihr zynisch und selbstgerecht.

Gbowee hat zudem eine andere Sorge. Sie beobachtet, dass viele Frauen sich nicht als Wähler registrieren lassen. Frauen dürfen in Liberia erst seit 1951 wählen, indigene Frauen erst seit Does Regierung. Viele wissen nicht einmal, dass sie sich registrieren müssen, um ihre Stimme abgeben zu können. Gbowee fürchtet, dass die Frauen sich die Chance nehmen lassen, den zukünftigen Regierungschef mitzubestimmen – egal, wen sie wählen wollen. Sie aktiviert ihr Frauennetzwerk. Wie im Bürgerkrieg, als sie über die Märkte zogen, um Demonstrantinnen zu mobilisieren, sprechen die Frauen auch diesmal jede Frau an, die sie zu fassen bekommen. Die meisten haben Gründe, derentwegen sie nicht zur Registrierungsstelle kommen: Sie müssen ihr Gemüse verkaufen, auf ein Kind aufpassen, andere Verpflichtungen erfüllen. Jede erdenkliche Aufgabe nehmen die Friedensfrauen ihnen ab – und Tausende Frauen, Gbowee spricht von mehr als 7.400

alleine in Monrovia, lassen sich daraufhin in letzter Minute ins Wählerregister eintragen.

Am Wahltag ist George Weah wie erwartet mit 28 Prozent der Stimmen Spitzenreiter. Johnson Sirleaf folgt auf dem zweiten Platz mit immerhin zwanzig Prozent. Doch anders als erwartet stellen sich die meisten Unterlegenen hinter Weah. »Wir mussten unsere Geheimwaffe mobilisieren«, so Johnson Sirleaf. »Die liberianischen Frauen.« In ihren Erinnerungen spricht sie von den »unbezähmbaren« Frauen als Treibstoff ihrer Kampagne. Die Frauen gehen für Ma Ellen, wie sie liebevoll genannt wird, von Tür zu Tür, verteilen T-Shirts, reden auf Unentschlossene ein, singen für Ellen, tanzen für Ellen.

Mit Erfolg. Bei der Stichwahl am 8. November 2005 passiert das, was so viele für unmöglich gehalten hatten: Ellen Johnson Sirleaf gewinnt die Stichwahl – mit 59 Prozent der Stimmen. Sie ist die erste Frau, die an der Spitze eines afrikanischen Staates steht. Der Tag ihrer Amtseinführung ist ihr selbst zufolge der glücklichste ihres Lebens. In den Straßen feiern die Liberianer den ersten friedlichen Regierungswechsel seit Jahrzehnten. Staatsoberhäupter aus afrikanischen Ländern und von Übersee sind angereist, um ihr zu gratulieren. Auch Laura Bush, die Frau von George Bush Jr., und US-Außenministerin Condoleezza Rice sind gekommen.

Weite Passagen ihrer Antrittsrede widmet die frischgebackene Präsidentin den liberianischen Frauen. »Ich möchte meinen Schwestern danken, Frauen aus allen Lebensbereichen, deren Stimmen so entscheidend zu meinem Sieg beigetragen haben«, sagt sie unter dem Applaus der Menge. Bis vor wenigen Jahrzehnten seien Frauen in Liberia als Bürger zweiter Klasse behandelt worden. »Im Bürgerkrieg haben Frauen das Gros von Unmenschlichkeit und

Terror abbekommen – und trotzdem waren es die Frauen, die erfolgreich für den Frieden in unserer Region gekämpft haben.« Johnson Sirleaf kündigt an, sich gezielt für Frauenrechte einzusetzen. »Meine Regierung wird Frauen in allen Bereichen stärken. Wir werden Gesetze verabschieden, die ihre Würde schützen und radikal gegen Verbrechen vorgehen, die ihnen ihre Menschenwürde nehmen.«

Johnson Sirleafs Vereidigung ist der Startpunkt einer globalen Politkarriere. Auf einmal ist Ellen Johnson Sirleaf nicht mehr die ewige Nörglerin, sondern die erste Präsidentin Afrikas. Ob bei US-Präsident Obama zu Hause, beim G20-Gipfel im kanadischen Toronto oder beim Weltwirtschaftsgipfel in Davos: Wo immer in der Welt Ellen Johnson Sirleaf auftaucht, wird sie begrüßt wie eine alte Bekannte. Sie avanciert zu einem der wenigen Politstars auf einem Kontinent, über dessen Politiker es sonst wenig Gutes zu berichten gibt. Würde die UN-Vollversammlung eine Wahl des beliebtesten Staats- und Regierungschefs durchführen, ihre Chancen stünden gut. Johnson Sirleaf nutzt das Rampenlicht geschickt aus – für sich, aber auch für ihr am Boden liegendes Heimatland.

Denn trotz aller Freude bleibt sie selbst am Tag ihrer Vereidigung realistisch. Sie kennt die Zahlen: Auf fast fünf Milliarden Dollar hat sich die Verschuldung des Landes seit Does Putsch hochgeschraubt. Liberia fehlt jeder Spielraum, um die Folgen des Bürgerkrieges zu bewältigen. Dabei mangelt es an allen Ecken und Enden: Seit sechzehn Jahren gibt es keinen Strom mehr in Monrovia. Den Krankenhäusern fehlt, wenn sie nicht zerstört sind, Material und Personal gleichermaßen. Qualifizierte Arbeitskräfte sind auch in anderen Branchen außer Landes geflohen. Plantagen sind überwuchert und unnutzbar geworden, und die wenige Industrie, die Liberia hatte, liegt brach. Die Investoren sind geflohen. Doch das wertvollste Gut, um das sich Johnson Sirleaf kümmern muss, ist der Frieden. Wie ein Damoklesschwert hängt die mögliche Rückkehr von Charles Taylor über dem Land. Aus seinem Exil in Nigeria meldet er sich in regelmäßigen Abständen zu Wort, um nicht in Vergessenheit zu geraten. Verlassen kann er Nigeria nicht. Der Haftbefehl des UN-Sondertribunals in Sierra Leone hat nach wie vor Gültigkeit. Trotzdem ist Taylor in den Köpfen immer präsent, wenn es um Fragen von Krieg und Frieden geht. Und Taylors Emissäre reisen ungehindert zwischen Liberia und Nigeria hin und her.

Die ersten Monate der jungen Regierung sind die schwersten. Johnson Sirleafs Minister nehmen ihr Amt in Gebäuden auf, die noch von den jüngsten Plünderungen gezeichnet sind. Selbst die Toilettenschüsseln sind herausgerissen worden. Computer gibt es nicht. Der einzige Strom kommt von Dieselgeneratoren, die immer wieder ausfallen. Viele Minister und Abteilungsleiter ziehen in Hotels, um Zugang zum Internet zu haben. Der Wille zum Aufbruch ist da, doch es fehlen die Mittel.

Auch Leymah Gbowee wagt kurzzeitig einen Ausflug in die große Politik. Doch ihren Posten in der von Johnson Sirleaf einberufenen Wahrheits- und Versöhnungskommission, Teil des Accra-Friedensvertrags, gibt sie schnell wieder ab. Sie hat kein Interesse an dem politischen Gezerre, das in dem Gremium schnell ausbricht. Der Abschlussbericht der Kommission wird vor allem mit der Forderung Schlagzeilen machen, dass Johnson Sirleaf dreißig Jahre lang von allen politischen Ämtern ausgeschlossen werden soll. Der Grund: ihre Unterstützung für Charles Taylor zu Beginn seiner Rebellion. Ein Gericht weist die Forderung aber schließlich zurück.

In Sachen Taylor gerät Ellen Johnson Sirleaf dennoch zunehmend unter Druck. Im Wahlkampf ist sie von Taylors Ex-Frau Jewel, die selbst politisch aktiv ist, unterstützt worden. Nach der Wahl behauptet diese, im Gegenzug habe Johnson Sirleaf ihr versprochen, auf Taylors Auslieferung ans UN-Sondertribunal für Sierra Leone zu verzichten. Johnson Sirleaf bestreitet das. Doch zugleich zögert sie, Nigerias Präsidenten Olusegun Obasanjo offiziell um die Überstellung Taylors nach Sierra Leone zu bitten. Ohne diese Anfrage aber will Obasanjo Taylor nicht gehen lassen. Im März 2006, unter wachsendem internationalen Druck, fordert Johnson Sirleaf von Nigeria die Auslieferung Taylors nach Sierra Leone. In einer Pressekonferenz betont sie mehrfach, dass Liberia damit nur dem internationalen Haftbefehl nachkomme. Sie will vermeiden, die immer noch zahlreichen Anhänger Taylors gegen sich aufzustacheln.

Auf einmal fehlt von Taylor jede Spur. Nigerianische Soldaten nehmen ihn nach Tagen der Unsicherheit in der Nähe der Grenze zu Kamerun fest – angeblich, wie die Presse genüsslich auskostet, mit einem Jahresvorrat Ginsengwurzeln und Goofy-Cartoons im Gepäck. Während die Welt noch über Taylor lacht, landet er auf Monrovias Flughafen – und wird dort sofort von einem UN-Helikopter weiter nach Sierra Leone geflogen. Nicht einmal die Toilette darf Taylor besuchen. Die Gefahr einer Rückkehr Taylors nach Liberia ist somit vorläufig gebannt. Später wird Taylor nach Den Haag geflogen, wo ihm der Prozess gemacht wird. Im Herbst 2011 steht das Urteil noch aus. Doch die Angst vor Taylors Rückkehr steckt Johnson Sirleaf tief in den Knochen. »Sollte Taylor nach Liberia zurückkehren, könnte er viel Schaden anrichten«, sagt sie im Oktober 2011 der *Zeit*.

Eines ihrer ersten Wahlversprechen, um das Ellen Johnson Sirleaf sich kümmert, ist Bildung. Sie gründet eine staatliche Stiftung, die mehr als drei Millionen US-Dollar von Firmen, Einzelpersonen und ausländischen Geberinstitutionen zusammenbringt. Ziel der Stiftung ist es, fünfzig Schulen neu zu bauen oder zu renovieren, 500 Lehrer einzustellen und 5.000 Stipendien an junge Mädchen zu vergeben. Die gezielte Förderung von Schülerinnen ist etwas Neues in Liberia: Im Zweifel wurden bisher immer Jungen unterrichtet, weil Männer traditionell die Hauptverdiener waren. Mit den Stipendien soll jetzt verhindert werden, dass die Mädchen von vornherein keine andere Wahl haben, als Hausfrau und Mutter zu werden. Johnson Sirleafs Regierung führt außerdem eine allgemeine Schulpflicht ein und hebt die bisherigen Schulgebühren auf. Volksschulbildung ist in Ellen Johnson Sirleafs Liberia Recht und Pflicht zugleich.

Auch in der Ausbildung von Jugendlichen setzt Johnson Sirleaf auf Gleichberechtigung. Nach dem Vorbild des indischen Frauenbataillons, das Johnson Sirleafs Regierungszentrale sichert, werden junge Liberianerinnen als Polizistinnen ausgebildet. Polizistinnen seien weniger aggressiv als ihre männlichen Kollegen, loben die Behörden das ungewöhnliche Programm. Erste Einsätze zeigen, dass Liberianer die weiblichen Ordnungskräfte genauso ernst nehmen wie Polizisten – und es zugleich weniger Eskalationen und Beschwerden gibt.

100.000 Ex-Rebellen und Soldaten werden mithilfe der UN-Friedenstruppe entwaffnet und in Integrationsprogramme geschickt. Arbeit aber gibt es nur für wenige von ihnen. Die Arbeitslosenquote wird auf über 80 Prozent geschätzt, und das, obwohl die Regierung Johnson Sirleaf seit ihrem Antritt 2006 die stolze Summe von 16 Milliarden US-Dollar an Auslandsinvestitionen ins Land geholt hat. Außerdem sind die einstigen Handelssperren für Tropenholz und Diamanten seit 2006 bzw. 2007 aufgehoben. Seitdem vergibt die Regierung Konzessionen für die Abholzung von Tropenholz, die Förderung von Eisenerz und neue Kautschukplantagen. In wenigen Jahren soll vor Liberias Küste Öl gefördert werden. Unter den in Liberia aktiven Konzernen sind Giganten wie *Arcelor Mittal*, der größte Stahlkonzern der Welt, ebenso wie erfindungsreiche Mittelständler. Doch nicht alle Investitionen schaffen automatisch Arbeitsplätze, und wenn, dann geht es zu oft um reine Hilfsarbeit. Wie einst unter Tubman, so werden auch jetzt vor allem die natürlichen Schätze Liberias ausgebeutet und exportiert. Die Veredelung der Produkte findet im Ausland statt. Dem Staat fehlen zudem die Mittel, um zu überprüfen, ob Investoren ihre Versprechen einhalten. Mancherorts wächst vor diesem Hintergrund der Unmut.

Auf einem kahlen Hügel neben der Hauptstraße von Monrovia nach Kakata steht eine dröhnende Sägemaschine. Sie ist schon von Weitem zu hören. Ein Roboterarm greift sich gleich ein paar der aufgestapelten Baumstämme und schiebt sie in den Schacht der Maschine, an deren Ende rotierende Messer das Holz in kleine Stückchen schneiden. Einen Baum pro Minute schafft die Maschine, das entspricht im Schnitt 750 Kilogramm Holzchips, die auf der anderen Seite in bereitstehende Trucks regnen. Mehr als ein Hektar Kautschukplantage muss nach Angaben der Baustellenleiterin Sharon Smallshaw täglich gerodet werden, damit die Maschine nicht stillsteht. Die Bäume werden von einer anderen Maschine im Ganzen aus dem Boden gezogen, die Wurzeln und Äste von Männern mit Motorsägen entfernt. Dann greift der Roboterarm wieder zu.

Das Verwandeln von Kautschukbäumen in Holzchips, die in Biomassekraftwerken verheizt werden, ist das Geschäftsmodell von *Buchanan Renewables*. Die junge Firma, die zu zwanzig Prozent dem schwedischen Stromversorger *Vattenfall* gehört, ist eines der Unternehmen, die nach dem Bürgerkrieg zum Investieren nach Liberia gekommen sind. Die getrockneten Holzchips werden mit Lastwagen in den Hafen der Stadt Buchanan transportiert. Von dort werden sie zu Kunden in Europa und dem Mittleren Osten verschifft, erklärt Liam Hickey, der General Manager von *Buchanan Renewables*. Ein Kreislaufmodell soll den ständigen Nachschub an Holz garantieren.

»Ein Kautschukbaum produziert 25, vielleicht 30 Jahre lang Kautschuk, danach ist er wirtschaftlich tot«, erklärt Hickey. An solchen toten Plantagen herrscht nach dem langen Bürgerkrieg kein Mangel. Kaum ein Kautschukbaum bringt noch nennenswerten Ertrag, selbst wenn er von einem der Zapfer fachkundig angeritzt wird. Gleichzeitig fehlt den Plantagenbesitzern aber das Geld, neue Bäume anzupflanzen. *Buchanan Renewables* macht den Bauern deshalb ein Angebot, das nur die wenigsten ablehnen. »Wir holzen die alten Kautschukbäume ab, bezahlen für das Holz und pflanzen außerdem neue Bäume«, so Hickey. Bäume und Land bleiben im Besitz der Bauern.

Allerdings müssen die neu gepflanzten Kautschukbäume sieben Jahre wachsen, bevor Kautschuk abgezapft werden kann und damit Profit entsteht. Sobald der Kautschuk fließt, verkaufen die Kautschukbauern an einen Abnehmer ihrer Wahl. Zwei große Firmen, *Firestone* und die *Liberian Agriculture Company* (LAC), betreiben Sammelstellen im ganzen Land. Von den Erlösen können selbständige Bauern, die eine eigene Plantage betreiben, nach Abzug vor allem der hohen Kosten für Hilfsarbeiter im Regelfall gut leben.

Wenn das Latex versiegt, holzt *Buchanan Renewables* wieder ab – und der Kreislauf beginnt von Neuem.

Kunden für die gewonnene Biomasse gibt es genug. Nachwachsende Rohstoffe sind in Europa sehr gefragt, ihr Preis steigt. Aber Manager Hickey betont immer wieder, dass *Buchanan Renewables* vor allem ein soziales Investment anstrebt. Es gehe natürlich auch darum, Profit zu machen, aber nicht nur. »Wir wollen Holz vor allem von Kleinbauern kaufen und sie dabei unterstützen, wieder eine Existenz aufzubauen.« Hickey verspricht, den oft unerfahrenen Bauern werde in den ersten sieben Jahren bei der Pflege der Kautschukbäume beigestanden. Ein Teil der Erlöse von *Buchanan Renewables* soll ihm zufolge auch in soziale Projekte, etwa den Aufbau von Berufsschulen, fließen.

Doch im Gespräch mit Farmern ergibt sich ein anderes Bild. Die Vertragsdetails, von denen die Bauern berichten, widersprechen dem Bild vom »sozialen Engagament« erheblich. Bei den Bauern Sam Bonwin und seinem Sohn Sardey hat *Buchanan* 4.000 Bäume gefällt und 9.000 neue Setzlinge gepflanzt. Doch weil die meisten Setzlinge gestohlen wurden, ist das hügelige Feld auch ein Jahr nach der Abholzung immer noch nackt. Wind und der starke Regen haben einen guten Teil des Bodens abgetragen. Das zeigen Messstäbe, die *Buchanan Renewables* selbst aufgestellt hat. »Wir haben dem Farmer gesagt, erst muss er für eine Bewachung sorgen, dann pflanzen wir neue Setzlinge«, sagt Manager Nelson Hill.

Der 58 Jahre alte Bonwin ist inzwischen unglücklich, den Vertrag mit der Firma unterschrieben zu haben. Er sieht nicht nur sein Land veröden, sondern ärgert sich vor allem über einen Passus, der laut *Buchanan*-Mann Nelson Hill »der Standardvertrag« ist. »Der Vertrag sagt: Das erste Jahr

Pflege der Setzlinge ist umsonst, aber wenn *Buchanan* sich auch in den nächsten sechs Jahren um die Bäume kümmern soll, muss ich ihnen später 25 Prozent meines Umsatzes geben«, so Bonwin. Das bedeutet, das *Buchanan Renewables* den Bauern bis zu dreißig Jahre lang ein Viertel ihres Umsatzes mit dem Kautschukgeschäft wegnimmt, obwohl die Bauern das volle Risiko alleine tragen. Bonwin hält das für Wucher und fühlt sich ausgenutzt. Unterschrieben hat er den Vertrag trotzdem, weil er selbst nicht weiß, wie er die Bäume alleine großziehen soll. »Mein Vater hat die alte Plantage gepflanzt, er ist längst tot.«

Ein weiteres Versprechen des Unternehmens hängt in der Schwebe. Denn 380.000 Tonnen Holzchips, fast die Hälfte der Gesamtproduktion, sollen jährlich in einem liberianischen Kraftwerk verheizt werden, das *Buchanan Renewables* in Kakata bauen will. Dieses Kraftwerk ist der Hauptgrund, warum die Regierung den Abholzungen zugestimmt hat. In Monrovia hängen überall Plakate: »Lighting up Liberia« – Wir machen in Liberia das Licht an. In einem Land, das nur über einen einzigen öffentlichen Generator in Monrovia verfügt, der – wenn er funktioniert – gerade einmal vier Megawatt Strom erzeugt und nur einige wenige Viertel erreicht, ist das ein gewichtiges Versprechen. »Uns wird seit Langem erzählt, dass *Buchanan Renewables* in Kakata ein Kraftwerk bauen will«, kritisiert der Umweltschützer Silas Siakor, Präsident von *Friends of the Earth Liberia.* »Aber es geht und geht nicht los.«

Dabei sind nach Angaben von Hickey alle offenen Fragen geklärt, vor allem der Einspeisungstarif, der vierzig Prozent unter dem jetzigen Strompreis liegt. Die Regierung erhofft sich davon eine deutliche Strompreissenkung für den Endverbraucher. Das nötige Stromnetz zwischen Kakata und Monrovia sowie innerhalb der Hauptstadt wird derzeit von einer schwedischen Firma mit EU-Finanzierung aufgebaut. Doch ein Grundstein für das Kraftwerk ist immer noch nicht gelegt, obwohl laut Hickey das Kraftwerk Ende 2012 die ersten 18 Megawatt ins Netz einspeisen soll. Der Großteil des Outputs ist bereits für Industrie und Gewerbe verplant, damit Liberia seine Rohstoffe endlich selbst veredeln kann. Das soll Arbeitsplätze schaffen.

Doch selbst wenn das Kraftwerk gebaut werden sollte, ist Thomas Nah, Geschäftsführer des liberianischen Ablegers von *Transparency International*, CENTAL, skeptisch. Die finanziellen Auswirkungen des geplanten Kraftwerks hält er für unkalkulierbar, denn: »Das gleiche Unternehmen, das das Kraftwerk baut, ist später der einzige Lieferant für den Brennstoff, den das Kraftwerk braucht.« Der Monopolist *Buchanan Renewables* könne die Regierung so nach Belieben unter Druck setzen und den Preis für die Holzchips nach Gusto erhöhen. »Schließlich gibt es keine Alternative.«

Nah kritisiert außerdem, dass im wichtigen Energiesektor keine öffentlichen Ausschreibungen stattfinden. Der Milliardär John McCall MacBain, dem 70 Prozent von *Buchanan Renewables* gehört, ist nicht nur Unternehmer, sondern auch der größte private Spender im Land. »*Buchanan Renewables* hat wegen seiner Spenden sehr gute Verbindungen zur Präsidentin Ellen Johnson Sirleaf.« Nah sieht darin zumindest einen Interessenkonflikt. Der Korruption wäre Tür und Tor geöffnet.

Obwohl Ellen Johnson Sirleaf den Kampf gegen Korruption zur Chefsache erklärt, sind auch unter ihrer Regierung immer wieder Korruptionsvorfälle bekannt geworden. Etwa in Liberias staatlicher Raffinerie, die schon unter Taylor als

Geldwaschmaschine galt. Die Gewinne verteilt der von der Regierung bestellte Vorstand des staatlichen Betriebs weitgehend unkontrolliert. Im Jahr 2006 gab die Raffinerie eigenen Zahlen zufolge einen höheren Gewinnanteil für nicht näher definierte Wohltätigkeiten und Sportveranstaltungen aus, als an die Regierung überwiesen wurde, wo die Ausgaben detailliert im Haushalt verbucht werden müssten.

Auch *Buchanan Renewables* ist Gegenstand eines Korruptionsskandals. Einer von Johnson Sirleafs engsten Vertrauten garantierte dem Unternehmen eine Steuerbefreiung von 150 Millionen US-Dollar. Anderen Firmen waren ähnliche Zugeständnisse gerade gestrichen worden. Die Opposition lässt den Skandal im Parlament auffliegen; die Regierung lenkt schließlich ein und zieht die Befreiung zurück. Fünf Millionen US-Dollar hat McCall MacBain unter anderem in den Aufbau eines öffentlichen Bussystems in Monrovia investiert, das Nah zufolge gescheitert ist. »Die meisten Busse sind kaputt und stehen auf dem Schrottplatz, und bei den restlichen ist die Reparatur teurer als die Neuanschaffung.« Gerade weil der Energiesektor immer noch staatlich monopolisiert sei, seien der politischen Einflussnahme keine Grenzen gesetzt. »Wenn man riesige Spenden zahlt und gleichzeitig Geschäfte mit dem Empfänger macht, ergibt das zwangsläufig eine kritische Situation.«

Denkbare Konflikte drohen auch dann, wenn der Bedarf an Holzschnitzeln in Europa weiter steigt. Denn die Europäer zahlen mehr als der liberianische Staat. Wie will die Regierung verhindern, dass für das eigene Kraftwerk bestimmtes Holz exportiert wird? Das zuständige Ministerium ist derzeit schließlich technisch nicht einmal in der Lage, die Abholzflächen aus der Luft genau zu berechnen. Die Beamten müssen sich auf die Zahlen verlassen, die *Buchanan* und andere Unternehmen ihnen liefern. Selbst die

Initiative für transparente Rohstoffbewirtschaftung, die Liberia als eines der ersten afrikanischen Länder mithilfe der deutschen Gesellschaft für internationale Zusammenarbeit eingeführt hat, ist auf ehrliche Zahlen der Industrie angewiesen.

Das Beispiel *Buchanan* zeigt, wie komplex der Wiederaufbau der Wirtschaft ist. Die Herausforderungen für Ellen Johnson Sirleafs Regierung sind immens, Probleme wachsen nach wie die Köpfe einer Hydra. *Buchanans* Engagement etwa rührt auch an einem grundsätzlichen Problem, das für den Korruptionsexperten Thomas Nah höchstes Konfliktpotenzial besitzt: »Es geht um Land.« Nach seiner Ansicht wird – selbst wenn wie geplant Kleinbauern das Gros der Kautschukbäume liefern – nur eine kleine, herrschende Elite von der Aufforstung der Kautschukplantagen profitieren. »Denn ihr gehört fast alles Land.«

Die Geschichte holt Liberia wieder ein. »Eingeborene, die Land erwerben wollen«, heißt es in dem bis 1980 gültigen Landgesetz, »müssen nachweisen, dass sie zivilisiert sind, indem sie ein Haus mit Blechdach erbaut haben und sich im Anbau von Pflanzen verstehen, die sich vermarkten lassen – Kakao, Kaffee oder Kautschuk.« Weil den meisten Indigenen zu einem solchen Nachweis schlicht das Geld fehlte, kauften reiche Beamte und Kaufleute aus Monrovia Kautschukplantagen als Wertanlage und überließen es den Einheimischen, sie zu bestellen. »Es war ein Apartheidsystem, und genau diejenigen, die es damals unterstützt haben, profitieren jetzt von der Wiederaufforstung«, sagt Nah.

Auch Silas Siakor von *Friends of the Earth Liberia* beobachtet, dass der Streit um Land sich zuspitzt. »Land wird knapp, auch weil die Regierung so viele Konzessionen für die Holzwirtschaft und den Rohstoffabbau vergibt « Auch wenn die meisten Kautschukplantagen bislang brachliegen, könnten die Ländereien durchaus anders genutzt werden, glaubt er. »Der Anbau von Getreide und Nahrungsmitteln wäre gerade für Kleinbauern viel einfacher durchzuführen, während Kautschukplantagen arbeits- und kapitalintensiv sind.« Acker- bauer könnten – anders als Plantagenarbeiter – durchaus ohne fremde Hilfe erfolgreich wirtschaften.

In vielen Fällen ist ganz unklar, wem das Land, auf dem Plan- tagen stehen, eigentlich gehört. Nur gut zwanzig Prozent des Landbesitzes sind im liberianischen Kataster erfasst. Eine UN-Beamtin, die mit dem Aufbau eines neuen Katasters befasst ist, spricht von regelrechten Kämpfen um Landrech- te. »Manche Plantagen sind im Krieg verlassen worden und Dorfbewohner haben dort begonnen, Brandrodung zu betreiben«, erklärt die Frau im Schutz der Anonymität. »Jetzt, wo sie den Boden teilweise schon seit Jahren bestellt haben, kommen angebliche Alteigentümer zurück und wol- len das Land räumen.«

Dass »Eingeborene« andere Landrechtstitel besitzen, die oft nur einem ganzen Dorf Allmende zugestehen, ist ein wei- teres Problem, warnt Siakor. »Von den jetzt geschlossenen Deals profitiert in diesem Fall nur der Reichste oder Mäch- tigste im Dorf, der das fruchtbarste Land für die Plantage freigibt – der Rest muss mit wenig und unfruchtbarem Land auskommen, um dort Lebensmittel anzubauen.« Siakor spricht zudem ebenso wie die UN-Beamtin von blühender Korruption im Katasteramt. »Manche Leute gehen mit einer Menge Geld nach Monrovia, kommen mit einem Land- titel wieder und schmeißen dann alle von ›ihrem‹ Land run- ter.« Thomas Nah befürchtet, dass der Wiederaufbau der alten Plantagen altes Unrecht manifestiert – und damit zu neuen Unruhen führen wird.»In den Achtzigern und Neunzigern hat das den Bürgerkrieg begünstigt, das kann wieder passieren.«

Ein anderes Problem sind die Arbeitsbedingungen. *Firestone* ist nach wie vor der größte Arbeitgeber in Liberia. Mehr als achttausend Zapfer sind täglich auf dem *Firestone*-Gelände unterwegs, um den wertvollen Naturkautschuk zu gewinnen. Dazu wird mit der Machete vorsichtig eine Rinne in die Rinde geschnitten. Über Nacht läuft der zähe, klebrige Saft in Auffangbehälter, die am Ende der Furchen hängen. Den gesammelten Saft leeren die Arbeiter in Eimer, die sie zu einer Sammelstelle bringen. Es ist ein harter Job, sagt der Umweltschützer Yurfee Shaikalee vom Bündnis *Action against Climate Change*.»Auf den *Firestone*-Plantagen herrschen bis heute unzumutbare Arbeitszustände«, sagt er. »Wenn ich Präsident wäre, würde ich *Firestone* sofort schließen.«

Shaikalee arbeitet seit Jahren mit *Firestone*-Arbeitern und den Bewohnern der nahen Dörfer zusammen.»Jeder Arbeiter muss am Tag zwischen zwanzig und fünfundzwanzig volle Eimer abliefern, um seine Quote zu erfüllen.« Das entspricht 550 Bäumen, um die sich die Zapfer täglich kümmern müssen. Die Verluste für den, der sein Soll nicht erfüllt, sind groß, weiß Shaikalee.»Wer einen Eimer fallen lässt, zahlt dafür, wer zu wenig abliefert, bekommt weniger Lohn.« Shaikalees Kollege Joseph Kennedy beklagt, weder Arbeits- noch Menschenrechtsstandards würden eingehalten: »Es gibt keine Schutzhelme, keine Handschuhe und dann arbeiten auch zahlreiche Kinder auf den Plantagen, die eigentlich in der Schule sein müssten.«

Die Vorwürfe von Kinderarbeit auf der *Firestone*-Plantage sind nicht neu. 2006 veröffentlichten die UN einen Bericht über die Zustände auf Liberias Kautschukplantagen. Bei

Besuchen hätten UN-Kontrolleure zehn Jahre alte Arbeiter angetroffen, heißt es im UN-Bericht »Human Rights in Liberia's Rubber Plantations: Tapping into the Future«. Die hohen Quoten seien ohne Hilfe der Familie nicht zu erreichen, so die UN damals. Weil Angehörige von Arbeitern zudem keine sozialen Leistungen erhalten und der Lohn von umgerechnet drei Euro pro Tag zu gering ist, um eine Großfamilie zu versorgen, seien Kinder und Jugendliche oft gezwungen zu arbeiten, um das Überleben der Familie zu sichern.

Das Management versprach damals, gegen die Kinderarbeit vorzugehen. Doch Kontrollen, kritisiert Shaikalee, gibt es immer noch nicht. »Die Quote ist leicht gesenkt worden und man achtet darauf, dass Kinder heute nicht mehr in den Arbeiterlisten geführt werden – aber ansonsten ist alles beim Alten geblieben, wenn auch ein bisschen besser versteckt.«

Dass Arbeiterrechte nicht weit oben auf *Firestones* Prioritätenliste stehen, zeigt sich auch daran, dass das Unternehmen sich lange weigerte, die Gewerkschaft der *Firestone*-Arbeiter (FAWUL) anzuerkennen. Bis zur Anerkennung 2007 hatte eine Scheingewerkschaft, gesteuert von der Unternehmensleitung, das Sagen. Im Juni 2010 vereinbarten FAWUL und *Firestone* erstmals einen Tarifvertrag, der eine Lohnerhöhung von 3,5 Prozent und bessere Arbeitsbedingungen vorsieht. »Das ist ein Neubeginn«, glaubt FAWUL-Generalsekretär Edwin Cisco.

Doch Shaikalee zweifelt daran, dass *Firestone* seine Zusagen tatsächlich einhalten wird. »*Firestone* ist ein Staat im Staat, die Regierung steht letztendlich aufseiten des Unternehmens«, kritisiert er. *Firestone* ist der mit Abstand größte Steuerzahler im Land: Mehr als zehn Millionen US-Dollar Steuern und Abgaben hat *Firestone* alleine 2009 an die Regierung in Monrovia überwiesen. Als Shaikalees Gruppe 2008 die Einleitung ungeklärter Chemikalien in den nahen Kbanyarh-Fluss aufdeckte, hatte *Firestone* gerade erst offiziell die Fertigstellung einer Kläranlage verkündet. Die Anlage aber existierte gar nicht. Auf viel öffentlichen Druck kam schließlich Ellen Johnson Sirleaf persönlich in das Dorf, in dem nach Angaben der Bewohner zwei Frauen und ein Mann gestorben waren, nachdem sie von dem Flusswasser getrunken hatten. »Die Präsidentin hat den Bewohnern nur gesagt: *Firestone* tut viel für unser Land«, erinnert sich Shaikalee enttäuscht. Investoren sollen nicht verschreckt werden – das ist eine der wichtigsten Leitlinien von Johnson Sirleafs Politik.

Zu ihren größten Erfolgen gehört der Schuldenabbau. Vorbildliches Verhalten in der Haushaltsdisziplin gepaart mit Johnson Sirleafs Fachwissen und Kontakten haben dazu geführt, dass Liberias Altschulden in Höhe von fünf Milliarden US-Dollar inzwischen komplett erlassen worden sind. Das eröffnet dem Land ungeahnte Handlungsspielräume. »Liberia war ein gescheiterter Staat«, sagt Johnson Sirleaf zufrieden. »Jetzt sind wir ein erfolgreiches Entwicklungsland.« Für den Erfolg steht Johnson Sirleaf mit ihrem Namen. Sie ist die Garantin der Stabilität, wegen ihr sind die Investoren hier. Ohne sie, das sagen selbst Kritiker, wäre aus der als hoffnungslos geltenden Bürgerkriegsnation nicht nach wenigen Jahren ein afrikanisches Symbol der Hoffnung geworden.

Wie wichtig Liberias Stabilität für die ganze Region ist, betont auch Corinne Dufka, Westafrika-Expertin von *Human Rights Watch*. Nicht zuletzt die jüngste Krise in der Elfenbeinküste habe gezeigt, wie instabil die Region immer noch sei. »Die kulturellen und ökonomischen Verflechtungen in der Region sind sehr stark«, sagt sie. »Damit trägt die Sicherheitslage in jedem einzelnen Land direkt zur Stabilität in den Nachbarländern bei.« Dass in Liberia Frieden herrscht, ist also nicht nur gut für Liberia – sondern auch für die Elfenbeinküste, für Guinea, für Sierra Leone, die alle zeitweise in Liberias Bürgerkrieg verwickelt waren.

Bei so viel Lob sollte man meinen, dass die Wiederwahl von »Mama Ellen« für eine zweite Amtszeit reine Formsache ist. Doch das ist nicht der Fall. Ihr schärfster Konkurrent bei den Präsidentenwahlen 2011, Winston Tubman, der Neffe von Ex-Präsident William Tubman, spielt Johnson Sirleafs Erfolge auf internationaler Ebene und sogar den Friedensnobelpreis gegen sie aus. »Wir wollen keine Regierung, die in Washington respektiert, aber zu Hause gehasst wird«, ruft Tubman bei einem Wahlkampfauftritt im Osten des Landes seinen Anhängern zu. »Wir wollen eine Regierung, die zu Hause respektiert wird und sich damit Respekt in Washington verschafft.«

Manche Wähler sind schlicht misstrauisch, weil Ellen Johnson Sirleaf ursprünglich erklärt hatte, sie werde nicht noch einmal antreten. »Wir wussten damals nicht, wie schlecht es um die Institutionen des Landes wirklich steht«, begründet sie heute ihren Sinneswandel. Auf ihren Plakaten und bei den Wahlkampfauftritten wirbt sie mit ihrer Erfahrung. »So viel getan – so viel zu tun – so viel zu verlieren«, heißt es auf einem. Oder, in bestem Pidgin: »Monkey still working, let baboon wait small« – der (clevere) Affe arbeitet noch, der (aggressive, dumme) Pavian kann noch nicht ran.

In der ersten Runde der Wahl, die nur Tage nach der Verkündung des Friedensnobelpreises stattfand, verpasste Ellen Johnson Sirleaf die nötige absolute Mehrheit. Allerdings liegt sie diesmal – mit 44 zu 32 Prozent – deutlich vor Winston Tubman, der gemeinsam mit George Weah antritt. Der Drittplatzierte, Ex-Rebellenführer Prince Johnson, spricht sich danach für Johnson Sirleaf aus: »Sie ist das kleinere Übel«. Johnson Sirleaf selbst gibt sich selbstbewusst, aber auch nachdenklich. »Wir danken dem liberianischen Volk«, erklärt sie nach der Verkündung des Ergebnisses. »Wir müssen zurück zu ihm gehen und noch stärker um Zustimmung bitten.«

Als Tubman für die Stichwahl wegen angeblicher Unregelmäßigkeiten zum Boykott aufruft, ist die Präsidentin außer sich. »Tubman verletzt die Verfassung«, erklärt sie in einer Radioansprache. »Erlaubt keinem Politiker, unser Land in Geiselhaft zu nehmen.« Ihre Botschaft ans Volk ist deutlich: Geht wählen – und stimmt für euren Kandidaten.

Doch es kommt anders. Gewalt bricht aus, zwei Oppositionsanhänger werden von der Polizei erschossen. Nur rund ein Drittel der Wahlberechtigten gibt am Wahltag seine Stimme ab; ob aus Angst vor Unruhen oder wegen des Boykotts, ist ungewiss. Ein Angebot zur Zusammenarbeit schlägt Tubman aus. Obwohl gut 90 Prozent derer, die wählen gegangen sind, für Johnson Sirleaf gestimmt haben, steht ihr – wieder einmal – eine schwere Zeit bevor.

7. »Das habe ich in meinen wildesten Träumen nicht erwartet«

Der arabische Frühling lässt die Frauen aufblühen

Am 14. Januar 2011, die Sonne in Sanaa ist gerade untergegangen, hört Tawakkul Karman die letzten Nachrichten aus Tunis. Tunesiens Präsident Zine al-Abidine Ben Ali ist abgetreten. Als der tunesische Premierminister Mohammed Ghannouchi die Nachricht verkündet, befindet sich Ben Ali schon in der Luft, auf der Flucht vor seinem Volk. Mehr als 10.000 Demonstranten hatten noch Stunden zuvor vor dem Regierungspalast in Tunis Ben Alis Rücktritt gefordert. Es war der Höhepunkt der Protestmärsche, die sich zuerst gegen hohe Nahrungsmittelpreise und dann schnell gegen den seit 24 Jahren regierenden Despoten und sein Regime gerichtet hatten. Dutzende der meist jugendlichen Demonstranten kamen ums Leben, doch die Proteste gingen weiter. Ben Ali versprach ein Ende der Korruption, Subventionen für Nahrungsmittel und zum Schluss sogar, 2014 nicht erneut zu den Wahlen anzutreten. Doch den Demonstranten reichte das nicht. »Nein zu Ben Ali«, riefen sie, oder schlicht »Geh, Ben Ali«. Jetzt ist er gegangen. Was niemand für möglich gehalten hat, ist geschehen: Ein arabischer Potentat hat sich vom Volk aus dem Amt jagen lassen. Tunesien feiert seine Jasminrevolution, benannt nach der tunesischen Nationalblume.

Bei Tawakkul Karman macht es an diesem Abend Klick. Auf einmal scheint alles möglich. Am kommenden Abend stellt sie sich mit ein paar Freundinnen auf den Platz vor Sanaas Universität. Ein paar Dutzend kommen. Sie rufen

»Geh Saleh, geh« oder »Das Volk will ein Ende des Regimes«. Am Abend darauf kommen schon ein paar mehr. Gemeinsam laufen die Demonstranten, Männer und Frauen, zur tunesischen Botschaft und fordern dort Salehs Rücktritt. Karman ist aufgekratzt, kann es kaum fassen. Am dritten Abend kommen schon mehr als hundert Demonstranten, um Tunesiens Jasminrevolution nach Jemen zu tragen. Aus der Reformerin Tawakkul Karman ist über Nacht eine Revolutionärin geworden.

Präsident Salehs Sicherheitsapparat, der Karman schon lange überwacht, ist das zu viel. Am 22. Januar, eine Woche nach dem ersten Protest, wird ihr Auto an den Straßenrand gedrängt. Eine Gruppe von Männern in Zivil packt Karman und fährt sie direkt ins Gefängnis. »Ich habe nach einem Haftbefehl gefragt, aber es gab keinen«, sagt sie Mitdemonstranten Stunden später durch das vergitterte Zellenfenster. »Sie waren brutal, und sie haben mir nicht gesagt, wer sie sind oder was sie wollen.« Das Gespräch mit Karman zeichnen ihre Freunde mit einem Handy auf, das Video stellen sie ins Internet. Gleichzeitig verkünden sie bei der Demonstration, zu der sich auch an diesem Abend Hunderte vor der Universität zusammengefunden haben, was passiert ist.

Später ziehen so viele Demonstranten durch Sanaas Straßen wie nie zuvor. Ständig schließen sich neue Leute, Männer, aber auch Frauen, dem Demonstrationszug an. Sie rufen »Freiheit für Tawakkul Karman« und tragen Transparente mit ihrem Foto durch die Straßen. Der Protest ist besonders außergewöhnlich, weil sich so viele Männer für die Freilassung einer Frau einsetzen – das hat es im patriarchalischen Jemen noch nie gegeben. Am nächsten Morgen wird Tawakkul Karman freigelassen. Kurze Zeit später ist sie wieder auf der Straße und führt einen neuen Protestzug an. »Das war der entscheidende Moment der jemenitischen Revolution«, glaubt Mohammed Allow, der die jemenitische Menschenrechtsgruppe *Hood* leitet. Aus der Demonstration einiger Engagierter werden innerhalb weniger Tage Massenproteste – und Tawakkul Karman avanciert zur Galionsfigur der Revolutionsbewegung. »Wir werden weiterkämpfen, bis Ali Abdullah Saleh und sein Regime fallen«, sagt sie eine Woche nach ihrer Verhaftung dem Fernsehsender *Al Jazeera*. »Die Bewegung im Süden, die Rebellen im Norden und die parlamentarische Opposition wollen den politischen Wandel, aber die Jasminrevolution ist jetzt das Wichtigste.«

Nicht nur in Sanaa wird demonstriert. Auch in Aden und Taiz, wo Saleh besonders unbeliebt ist, gehen Demonstranten auf die Straße und fordern seinen Rücktritt. Dort sind es oft mehr als in der Hauptstadt, wo viele Profiteure des Regimes leben. Wenn sie nicht demonstriert, verfolgt Karman die Nachrichten. Sie verbringt immer mehr Zeit im Büro und auf der Straße. Wenn sie mal zu Hause ist, fegt sie wie ein Wirbelwind durch die kleine Wohnung. Während die Kinder zu Abend essen, läuft der Fernseher. Auf *Al Jazeera* verfolgt Karman, wie die Jasminrevolution ein Land nach dem anderen ansteckt. Vor allem in Ägypten, dem bevölkerungsreichsten Land der arabischen Welt, brodelt es, aber auch in Bahrain, in Libyen, Algerien, Jordanien. Mancherorts scheinen die Demonstranten die Oberhand zu gewinnen, anderswo schlagen die Regime brutal zurück und die Proteste verstummen – dann flammen sie wieder auf. Die Lage ist chaotisch und unübersichtlich. Karman ist klar: Wenn Salehs Regime nicht die Oberhand gewinnen soll, muss sie mehr Menschen auf die Straße bringen. Karman startet einen Aufruf: Der 3. Februar, ein Donnerstag, soll zum *Tag des Zorns* werden. Jemeniten aus allen Lebensbereichen sollen an diesem Tag Salehs Rücktritt fordern.

Am Anfang der jemenitischen Aufstände sind es vor allem die Jugendlichen und Studenten, die auf die Straße gehen. Sie sehen keine Zukunft für sich. In Jemen wächst die Bevölkerung so stark wie kaum sonst irgendwo auf der Welt. Innerhalb der vergangenen 18 Jahre hat sich die Bevölkerung verdoppelt; die Hälfte der 24 Millionen Jemeniten ist dementsprechend 18 Jahre oder jünger. Die Arbeitslosigkeit bei den Jungen liegt bei mindestens vierzig Prozent, viele sagen, sie ist höher. Entsprechend groß ist der Zorn. Die jungen Demonstranten hoffen, dass sich in einem neuen Jemen ihr Leben verbessern wird.

Die Oppositionsparteien hingegen, die *Islah* und die anderen in der offiziellen Opposition zusammengeschlossenen Parteien, sind zunächst skeptisch. Die oppositionellen Eliten sind unsicher, ob von den Protesten nicht auch ihre Privilegien bedroht sind. Dabei ist auch unter ihnen die Ablehnung gegen Saleh so groß wie lange nicht: Im Dezember hat Salehs Partei den von der Opposition erstrittenen nationalen Dialog für beendet erklärt, der in Wirklichkeit nie wirklich begonnen hat. Zeitgleich kündigt Salehs Partei eine Verfassungsänderung an, die dem Präsidenten eine Präsidentschaft auf Lebenszeit ermöglichen soll. In eigenen Demonstrationen fordern die Oppositionspolitiker, die Verfassung unverändert zu lassen und den nationalen Dialog wieder aufzunehmen. Einen Rücktritt Salehs fordern die Oppositionspolitiker nicht. Viele erklären öffentlich, sie befürchteten, das Land könne dadurch ins Chaos abgleiten.

Tatsächlich ist die Situation für Saleh auch ohne die Proteste der Jugendlichen prekär. Revolten in weiten Teilen des Landes haben die ohnehin schon geringe Kontrolle der Regierung über das Land eingeschränkt. Im Norden übernehmen die Houthi-Rebellen – eine Allianz schiitischer Stämme aus dem unwegsamen Grenzgebiet zu Saudi-Arabien, die die Wiedererrichtung des Gottesstaats unter Herrschaft des Imams fordern – die Kontrolle über immer größere Gebiete und auch die größte Stadt der Region, Saada. Der Versuch Salehs, die Rebellion mithilfe Saudi-Arabiens niederzuschlagen, ist weitgehend gescheitert. Im Süden Jemens, wo die wichtigen Ölreserven liegen, wird unterdessen die Unabhängigkeitsbewegung immer stärker. In seiner jahrtausendelangen Geschichte war Jemen meistens in Nord und Süd geteilt. Die Jemeniten im Süden fühlen sich von Saleh, der aus dem Norden stammt, zudem zu Recht politisch und wirtschaftlich vernachlässigt. Auch hier hat die Regierung in Sanaa längst die Kontrolle verloren. Denn Salehs alte Strategien greifen nicht mehr: Bisher hat er die Stämme mit großen Geldgeschenken für sich vereinnahmt. Doch alleine zwischen 2008 und 2009 sind die Einnahmen aus der Ölförderung – staatlichen Angaben zufolge – um drei Viertel zurückgegangen. Der Staat ist beinahe pleite. Die bezahlten Loyalitäten sind nichts mehr wert. Scheichs sagen Journalisten ganz offen: »Wenn man etwas mietet, ist das nur für eine begrenzte Zeit.«

Am *Tag des Zorns* drängen Hunderttausende Demonstranten auf die Straße. Der Rücktritt von Ägyptens Präsident Hosni Mubarak am 11. Februar sorgt für Jubel unter den Demonstranten, die jetzt Morgenluft wittern. Vor der Universität schlagen die ersten von ihnen ihre Zelte auf, unter ihnen auch Karman mit ihrem Mann. »Wir haben zwei Bürgerkriege und die *al-Qaida* im Land und zudem sind vierzig Prozent der Bevölkerung ohne Arbeit – worauf wartet Saleh«, sagt sie entschlossen. »Er muss zurücktreten.« Die Straßenkreuzung vor der Universität benennt sie in *Platz des Wandels* um. Als der Platz zu klein wird für die ganzen Zelte, erstreckt sich das Lager der Demonstranten über Kilometer in die Seitenstraßen hinein.

Mubaraks Rückzug und die anhaltenden Straßenproteste erschrecken offenbar auch Präsident Saleh. Zwei Tage später, am 13. Februar, bietet er den Oppositionsparteien einen Dialog an. Die Parteien schlagen ein – vorerst. Doch die Protestbewegung auf der Straße wächst dessen ungeachtet weiter. Immer wieder mischen Schlägertrupps der Regierung die Kundgebungen auf, doch auch davon lassen sich die Demonstranten, inzwischen längst nicht mehr nur Jugendliche, nicht vertreiben. »Wir sind auf der Zielgeraden«, erklärt Karman zufrieden. »Es dauert nicht mehr lange – wir werden unsere Revolution gewinnen. Entweder das, oder wir werden bei dem Versuch ums Leben kommen.« Karman ist entschlossen, mehr als manche ihrer Unterstützer. Sie geht Risiken ein, für sich und für die anderen Demonstranten, der Sache wegen. Nicht alle sind glücklich damit, doch Karman ist längst die unangefochtene Anführerin der Bürgerproteste. Ihr Wort wird umgesetzt. Manche beklagen hinter ihrem Rücken ihren nahezu diktatorischen Führungsstil. Doch keiner fordert sie heraus.

Das Regime versucht alles, um Karman zum Rückzug zu bewegen. »Mir ist mit Gefängnis und dem Tod gedroht worden«, sagt sie. »Man hat mir auch Geld angeboten und ein Regierungsamt.« Doch sie beugt sich nicht. Ihrem Bruder Tarek lässt Saleh schon nach der Festnahme Tawakkuls im Januar persönlich mitteilen: »Bring deine Schwester unter Kontrolle. Jeder, der mir nicht gehorcht, wird getötet werden.« Seitdem steht Tarek Karman, zuvor ein Anhänger Salehs, auf der Seite der Demonstranten. Karmans Tochter sagt in einem Fernsehinterview: »Ich bin stolz auf meine Mutter, aber ich mache mir auch Sorgen.« Ihrem Mann geht es ähnlich. »Ich musste ihr schon bei der Hochzeit versprechen, sie nie von ihrem politischen Engagement abzuhalten«, sagt er. »Ich wünschte, ich wäre selbst in der Lage, das zu tun, was sie kann – aber weil dem nicht so ist, unterstütze ich sie bei allem, was sie tut.« Auch Karmans Vater, zunächst ängstlich, unterstützt seine Tochter schließlich öffentlich. »Ich bin stolz auf sie«, erklärt er. Die ganze Familie weiß zudem, dass es ohnehin keinen Sinn hat, Tawakkul umstimmen zu wollen. »Manchmal sagen mir mein Mann oder mein Vater, ich sollte besser aufhören, weil sie sich Sorgen um mich machen«, sagt sie einmal. »Natürlich ignoriere ich sie.«

Als klar ist, dass Karman nicht aufhören will, versuchen Salehs Leute, sie zu diskreditieren. Sie lassen ein Foto verteilen, auf dem Karman alleine mit einem fremden Mann in ihrem Zelt zu sehen ist. Die anderen Männer, die ebenfalls dabeisaßen, sind wegretuschiert worden. Seht her, so unislamisch ist Tawakkul Karman, soll das Bild sagen. »Sie haben es auf Facebook-Seiten und anderswo im Netz verbreitet und darunter geschrieben: ein Moment der Lust«, sagt Khaled al-Ansi, der Mann, der neben Karman auf dem Foto zu sehen ist. Salehs Regime nutzt das Internet für sich. Von Karmans sieben Facebook-Seiten sind sechs von der Regierung eingerichtet worden, sagt sie. Konservative Kräfte innerhalb der *Islah* verdammen Karman zudem weiterhin auch ohne Zutun des Präsidenten für ihre öffentlichen Auftritte. Und die Bewegung hat ein weiteres Problem: Je mehr sie wächst, desto attraktiver wird sie für andere Bewegungen, die die Demonstranten für ihre eigenen Zwecke einspannen wollen.

Schon eine Woche nach Beginn der Gespräche mit Saleh verlässt die offizielle Opposition die Verhandlungen, angeblich, weil sie keinen ernsthaften Willen zur Reform in der Regierung ausmacht. Doch vor allem gilt ein Kompromiss mit Saleh nicht mehr als vermittelbar, seit am 13. Februar Polizisten in Aden gezielt mindestens zehn Demonstranten erschossen haben. Jetzt fordern auch die Oppositionsparteien den Rückzug Salehs und erkennen gleichzeitig die Jugendbewegung als eigenständige, vollwertige Verhandlungspartei an.

Am 1. März scheinen sich die schlimmsten Befürchtungen derer, die nach dem Sturz Salehs eine Machtübernahme der Islamisten befürchten, zu bestätigen. Abdul Majid al-Zindani, der von den USA als *al-Qaida*-Terrorist gebrandmarkte Führer des islamistischen Flügels der *Islah*, ruft vor den Demonstranten den Gottesstaat aus. »Unser Prophet hat vorausgesagt, dass eines Tages ein Herrscher sein Volk unterdrücken wird, und das Volk wird ihm die Macht nehmen. Wir leben jetzt unter diesem Herrscher, und wir müssen ihn loswerden. Sobald wir das geschafft haben, wird es Gerechtigkeit geben – und das Kalifat, den Gottesstaat.« Karman ist sauer. »Wir hatten einen Streit darüber, ob wir al-Zindani sprechen lassen sollen – ich war dagegen. Wir sind eine Jugendbewegung, keine religiöse Bewegung.«

Karman weiß auch, dass Salehs anhaltende Unterstützung aus dem Ausland – vor allem aus den USA – durch Auftritte wie den al-Zindanis gefestigt wird. Seit Beginn der Straßenproteste sind die Reaktionen aus den USA bestenfalls zurückhaltend. US-Außenministerin Hillary Clinton fordert alle Seiten zu Verhandlungen auf. Botschafter und Kongressabgeordnete beschwören die Demonstranten, die Stabilität in Jemen »nicht aufs Spiel zu setzen«. Für Karman, die Clinton als eines ihrer Vorbilder bezeichnet, ist das ein harter Schlag. »Die wahren Islamisten sitzen in der Regierung«, klagt sie vor Journalisten. »Saleh hält die *al-Qaida* am Leben, weil er nur dann amerikanische Unterstützung bekommt. Er hilft ihnen. Ihr habt Angst vor Islamisten in der Regierung? Bitte schön, sie sind längst da.«

Langjährige Beobachter wissen, wie recht Karman hat. Nach den Terroranschlägen vom 11. September 2001 kündigt er an, die USA im »Kampf gegen den Terror« zu unterstützen. Saleh braucht die Entwicklungshilfe, die die USA im Gegenzug großzügig verteilt. Ende 2005 reist er nach Washington, um den erfolgreichen Abschluss seiner Mission zu verkünden. Tatsächlich sind alle maßgeblichen Terroristen im Land verhaftet worden. Saleh rechnet mit einer satten Belohnung – und wird stattdessen wegen der Demokratiedefizite und der Korruption in Jemen öffentlich brüskiert. Saleh ist düpiert – und ihm wird klar, wie wertlos das kleine arabische Land ohne die Bedrohung durch *al-Qaida* ist. Wenige Monate nach Salehs Besuch in Washington brechen 23 hochrangige *al-Qaida*-Führer aus einem jemenitischen Hochsicherheitsgefängnis aus. Ohne Hilfe von oben, heißt es in Jemen schnell, hätte der Ausbruch nie gelingen können. Die Freigelassenen bilden den Kern der *al-Qaida* auf der Arabischen Halbinsel, die heute – obwohl sie nur einige Hundert Mann umfassen soll – als gefährlichste Terrorzelle der Welt gilt. Saleh erlässt außerdem Dschamal al-Badawi, dem Verantwortlichen für den Anschlag auf das US-Kriegsschiff USS Cole im Jahr 2000 in Aden, seine Haftstrafe und lässt sie in Hausarrest umwandeln. Die USA protestieren, doch bald steigen die US-Hilfen wieder. Die USA finanzieren auch den Aufbau einer Spezialtruppe, der *Republikanischen Garden*, die von Salehs Sohn Ahmed angeführt werden. Alleine 2008 sollen für Training und Ausrüstung dieser Elitesoldaten mehr als 150 Millionen US-Dollar aus amerikanischen Steuermitteln geflossen sein.

Doch die USA verlassen sich nicht auf die jemenitischen Truppen. Ihre Einheiten und unbemannte Drohnen führen selbst Militärschläge gegen mutmaßliche Islamisten aus, die Saleh als jemenitische Operationen ausgibt. »Wir werden weiterhin behaupten, es sind unsere Bomben, nicht eure«, sichert Saleh laut einem von Wikileaks veröffentlichten Bericht 2010 dem US-Oberbefehlshaber in der Region, General David Petraeus, zu, der inzwischen CIA-Direktor ist. Selbst wenn es zivile Opfer gibt, was immer wieder vorkommt, nimmt Salehs Regierung das Versagen auf ihre Kappe. Aus den Wikileaks-Berichten geht zudem hervor, wie sehr Saleh immer wieder die Terrorgefahr im Jemen betont. Er warnt vor einem zweiten Somalia, einem zerbrochenen Staat, der eine Basis für Terroristen und Piraten sein könnte. Er allein, so Salehs Botschaft, könne dies verhindern.

Saleh lässt Demonstrationen für sich selbst organisieren. Gerade in Sanaa gibt es genügend Menschen, die auch nach 33 Jahren immer noch hinter ihm stehen. Manche befürchten, dass Jemen ohne einen starken Mann an der Spitze im Kampf zwischen den Stämmen versinken wird. Andere profitieren von Salehs Patronagenetzwerken. Alleine durch Schwarzmarktverkäufe und Schmuggel von subventioniertem Diesel gehen der Staatskasse jährlich geschätzt eine Milliarde US-Dollar an Einnahmen verloren. Hochrangige Regimevertreter machen das meiste Geld, doch auch Mitläufer kriegen ein paar Krümel vom Kuchen ab. Sie alle demonstrieren für Saleh, unterstützt von den staatlichen Sicherheitskräften.

Zusätzlich lässt die Regierung ganze Busse mit Menschen vom Land nach Sanaa fahren, die für einen Tageslohn Sprechchöre für Saleh anstimmen und durch die Stadt ziehen. Einmal lässt der Präsident auf diese Weise das größte Stadion der Stadt, das Revolutionsstadium, füllen. Tausende sitzen auf den Rängen oder auf Klappstühlen im Innenraum und jubeln und klatschen minutenlang, als der Präsident mit vollem Pomp angekündigt wird. »Meine Damen und Herren, der Präsident aller Jemeniten, der Bewahrer der Einheit, der Retter der Nation, Friede sei mit ihm – seine Exzellenz Ali Abdullah Saleh!« Das Klatschen geht über in Sprechchöre: »Unser Blut und unsere Seelen werden wir für dich opfern« – so ließ sich einst Saddam Hussein bejubeln. In seiner Rede kündigt Saleh an, die Sicherheitskräfte würden die Demonstranten vor Übergriffen beschützen. Er bietet einen Waffenstillstand an und mehrere Verfassungsänderungen, die den Demonstranten entgegenkommen sollen. Vor allem aber versichert er vor laufenden Kameras: »Ich werde 2013 nicht erneut als Präsident kandidieren.« Sein Sohn Ahmed, Führer der *Republikanischen Garden*, werde dann mit ihm gehen – und nicht, wie allgemein spekuliert, dem Vater nachfolgen.

Es ist ein Angebot an die Demonstranten – das weitestgehende, das er bisher gemacht hat. Saleh hält es womöglich für ein großes Zugeständnis. Vielleicht ist es auch nur ein Bluff. Tawakkul Karman jedenfalls ist unbeeindruckt. »Niemand glaubt ihm«, sagt sie. »Er hat früher schon gelogen. Es wird keinen Wandel geben, bevor Saleh nicht zurücktritt. Unsere erste und letzte Forderung ist Salehs Rücktritt.« Karman fühlt sich sicher. Immer mehr Demonstranten schließen sich der Bewegung an, auch viele Stammesführer kommen in ihr Zelt, um ihre Unterstützung zuzusichern. »Es ist kaum vorstellbar, was für einen Respekt die Leute mir hier entgegenbringen«, sagt sie, selbst erstaunt. »Selbst die Stämme und die Armee respektieren mich. Bis hier gab es viele Hindernisse, aber ich habe sie überwunden.«

Doch die wirklichen Hindernisse liegen noch vor ihr. Als sich am 18. März wieder Demonstranten zu einem Massenprotest auf dem *Platz des Wandels* zusammenfinden, lässt der verärgerte Saleh Scharfschützen auf den Dächern der umliegenden Häuser platzieren. Nach den ersten Schüssen drängen die Demonstranten zur einzigen offenen Straße, die vom Platz wegführt. Doch hier hat Saleh besonders viele Scharfschützen positioniert. »Das waren Mörder«, sagt ein Demonstrant, der lebend entkommt. »Einige waren so nahe dran, dass wir ihnen in die Augen sehen konnten. Aber sie haben abgedrückt, ohne eine Regung zu zeigen.« Am Ende des Tags sind mindestens 53 Demonstranten tot, mehr als hundert sind schwer verletzt. Ausländische Medien, die die Proteste im Jemen über die Entwicklungen in Ägypten, Libyen und Syrien fast vergessen haben, sprechen von einem Blutbad.

Was wohl als Zeichen der Stärke gedacht ist, wird von vielen der einstigen Unterstützer Salehs als ein letztes Aufbäumen interpretiert. Immer mehr Minister und Gouverneure erklären ihren Rücktritt und laufen zu den Demonstranten über. Nach dem Blutbad vom 18. März erklärt überraschend auch Ali Muhsin al-Ahmar seine Unterstützung für die Protestbewegung. Muhsin gilt als einer der mächtigsten Männer nach Saleh. Mit ihm kehren sich Tausende Soldaten vom Regime ab. Viele von ihnen umringen den *Platz des Wandels*, angeblich, um die Demonstranten vor weiteren Übergriffen zu schützen. Doch für die Protestbewegung, die bislang strikt gewaltlos und ohne Waffen demonstriert hat, bedeutet der Aufmarsch von Muhsins Armee einen Wandel. Nicht wenige befürchten, dass sie in ein Machtspiel hineingezogen werden, das sie nicht mehr kontrollieren können – und das mit den Zielen der Demokratiebewegung kaum noch etwas zu tun hat. Muhsins Motive sind auch langjährigen Jemen-Kennern ein Rätsel. Am wahrscheinlichsten ist die Vermutung, dass Mushin vor allem seine eigene Machtposition gefährdet sieht, da Saleh sich mit Beginn der Proteste immer mehr in den engsten Familienkreis zurückzieht. Immerhin 18 Familienmitglieder bekleiden wichtige Ämter in Jemens Regierung. Muhsins Einfluss schwindet, bis er sich schließlich für einen Befreiungsschlag entscheidet.

Die Absetzungsbewegung weist zudem auf einen weiteren Konflikt innerhalb der größten Stammeskonföderation im Lande hin, der *Haschid*, zu der auch Salehs Stamm gehört. Bis 2007 führt Scheich Abdullah al-Ahmar die Geschicke des Stammes mit größter Geschicklichkeit. Er gilt als Schattenpräsident, der Aufstände im Keim erstickt und dafür sorgt, dass der Norden Jemens von der Zentralregierung am meisten profitiert. Auch Saudi-Arabien soll Abdullah al-Ahmar mit Millionensummen dafür unterstützen, dass er im südlichen Grenzgebiet zum Königreich für Ruhe sorgt. Offiziell ist Abdullah al-Ahmar Parlamentssprecher. Ansonsten aber arbeitet er unterhalb des Radars, auch, um die Protestbewegung im Süden nicht weiter gegen Salehs Regime aufzubringen. Doch nach dem Tod Abdullah al-Ahmars bricht ein Machtkampf zwischen seinen Söhnen aus. Hamid al-Ahmar, der drittälteste der neun Söhne Abdullahs, unterstützt die Demonstranten schon seit einigen Wochen. Er lässt Jemeniten aus dem Norden in Bussen nach Sanaa bringen, die auf dem *Platz des Wandels* ihre Zelte aufschlagen und gegen Saleh demonstrieren. Geld spielt für Hamid al-Ahmar keine Rolle. Als Gründer des größten Mobilfunkbetreibers hat er ein riesiges Vermögen angehäuft. Jetzt will er Macht – am liebsten wohl unter einem machtlosen Präsidenten aus dem Süden, der garantieren würde, dass das Land nicht zerfällt. Vor allem aber will er den Rückzug Salehs erreichen.

Mit dem Frieden im Land ist es seit dem Blutbad vom 18. März vorbei. Zwar betont Tawakkul Karman immer wieder, dass ihre Bewegung den Rücktritt Salehs gewaltlos erreichen will. »Eine friedliche Revolution ist die einzige Lösung für Jemen.« Doch Salehs Truppen gehen immer wieder mit brutaler Gewalt gegen die Demonstranten vor. Und die bewaffneten Kräfte, die ganz eigene Ziele verfolgen, liefern sich mit den Sicherheitskräften Gefechte mitten in Sanaa. Die Stadt teilt sich zusehends: Im Norden Sanaas postieren sich die rebellischen Stammeskrieger. Im Süden Sanaas verschanzen sich die Unterstützer Salehs. Die Protestbewegung findet sich zwischen den Fronten wieder, im wahrsten Sinne des Wortes.

Die Zahl der Demonstranten wächst dennoch stetig weiter. »In Jemen dürfen Frauen das Haus nach sieben Uhr abends eigentlich nicht mehr verlassen«, freut sich Tawakkul Karman in dieser Zeit in einem Interview mit dem britischen Rundfunksender BBC. »Jetzt schlafen sie hier auf offener Straße, um zu protestieren – das ist mehr, als ich mir je in meinen wildesten Träumen vorgestellt habe.« Ende März versammeln sich vor der Universität von Sanaa mehrere Hunderttausend Demonstranten. Im ganzen Land sollen es mehr als eine Million sein, die am *Tag der Abreise* den Abtritt Salehs fordern. Doch Saleh tritt nicht zurück, obwohl vorher entsprechende Gerüchte die Hoffnungen schüren. »Er ist jetzt sehr gefährlich«, bilanziert Karman danach. »Wir waren sicher, er würde zurücktreten – das hat auch die amerikanische Botschaft gedacht. Aber er ist es nicht. Die jungen Leute sind sehr frustriert.«

In den kommenden Wochen gehen die Proteste weiter. Im Mai entscheidet Tawakkul Karman, die auf dem *Platz des Wandels* versammelten Demonstranten zum Präsidentenpalast marschieren zu lassen. Nicht alle sind dafür: Viele

Oppositionsführer befürchten, dass Saleh das Feuer auf die Demonstranten eröffnen wird. Doch Karman setzt sich durch. Bis heute wird sie von manchen Demonstranten dafür verantwortlich gemacht, dass die Sicherheitskräfte tatsächlich das Feuer eröffnen und mindestens 13 Demonstranten erschießen. Manch einer glaubt, sie nimmt die Toten in Kauf, nur um spektakuläre Schlagzeilen zu kriegen. Die scharfen Töne sind auch Ausdruck des Frusts über ausbleibende Erfolge. Nicht alle Demonstranten haben so einen langen Atem wie Tawakkul Karman.

Rund um den *Platz des Wandels* wächst unterdessen die Gewalt. Manche Berichterstatter glauben, dass die Stammesmilizen in Sanaa bereits um die Nachfolge Salehs kämpfen. Doch der Präsident ist noch da, und er will bleiben. Drei Mal kündigt er an, vom Golf-Kooperationsrat ausgehandelte Waffenstillstandsabkommen zu unterzeichnen, die seinen Rückzug beinhalten. Dem Kooperationsrat gehören außer Jemen alle Staaten auf der Arabischen Halbinsel an. Vor allem Saudi-Arabien pocht auf ein Abkommen, das das wachsende Chaos im Jemen beenden soll. Drei Mal zieht Saleh seine Zusage in letzter Minute zurück. Er kündigt vorgezogene Neuwahlen noch 2011 an, aber niemand glaubt ihm mehr. Am 3. Juni schießen vermutlich Kämpfer der *Haschid*-Rebellen aus dem Norden eine Rakete auf den Präsidentenpalast. Saleh wird bei dem Anschlag schwer verletzt; so schwer, dass er zur medizinischen Behandlung nach Saudi-Arabien ausgeflogen wird. Auf dem *Platz des Wandels* bricht Jubel aus. Saleh hat das Land verlassen – und niemand glaubt, dass die Saudis ihn je wieder gehen lassen. »Heute ist ein neuer Jemen geboren«, jubelt Karman. Die Demonstranten skandieren: »Es ist vorbei, das Regime ist gestürzt!« Doch das Regime wackelt nur – stürzen tut es nicht. Salehs

Vizepräsident Abed Rabbo Mansur Hadi setzt die bisherige Verzögerungstaktik fort. Er kündigt erneut Neuwahlen für Ende 2011 an und versucht vergeblich, die Opposition zu Friedensgesprächen ohne Vorbedingung zu bewegen.

In einem Editorial für die *New York Times* ruft Karman die USA und Saudi-Arabien auf, die Protestbewegung im Jemen endlich zu unterstützen. Und sie schreibt die Forderungen der Protestbewegung nieder: »Ein nationaler Übergangsrat, der vom Volk bestätigt wird, muss die Macht im Land übernehmen. Dieser Rat soll das Land bis zu Neuwahlen und einem Referendum über eine neue Verfassung führen. Darin muss sichergestellt werden, dass die Sicherheitskräfte der Regierung nie wieder benutzt werden können, um ein persönliches Machtmonopol aufzubauen.« Darauf aber will sich Salehs Regime nicht einlassen.

Dann, am 23. September, passiert das Unerwartete. Auf einmal beginnen die loyalen Truppen Salehs, in die Luft zu schießen, wieder und wieder. Es ist Freudenfeuer. Der Präsident ist zurückgekehrt. Warum kann sich niemand erklären. Womöglich ist die Angst der saudischen Regierung zu groß, dass das Land ohne Saleh ins Chaos abgleitet. Unmittelbar nach seiner Landung ruft Saleh zu einem Waffenstillstand aller Gruppen auf. »Die Lösung für den Konflikt liegt nicht in Gewehr- und Pistolenläufen.« Auch Saleh weiß, dass er längst nicht mehr mit der Demokratiebewegung verhandelt, sondern mit bewaffneten Milizen seiner einstigen Verbündeten.

Bei den Demonstranten auf dem *Platz des Wandels* ist die Stimmung auf dem Tiefpunkt angelangt. Dass der Golf-Kooperationsrat erneut mit Saleh über ein Friedensabkommen berät, sieht hier niemand als Durchbruch. Die Nachricht vom Nobelpreis, die die Demonstranten am 7. Oktober mittags erreicht, hätte zu keinem besseren Zeitpunkt kommen können. »Ich wusste nicht einmal, dass ich für den Friedensnobelpreis nominiert war«, sagt Karman, noch ungläubig. Vor der Universität von Sanaa bricht die Menge in Jubel aus und feiert »Die Mutter der Revolution«, die Heldin des Tages. »Neun Monate sind eine lange Zeit für uns Demonstranten gewesen«, sagt der Aktivist Atiaf al-Wazir erleichtert. »Es gab so selten gute Nachrichten für uns, deswegen ist heute jeder glücklich.« Der jemenitische Analyst Ali Saif Hassan nennt die Auszeichnung für Tawakkul Karman sogar einen »transformativen Moment« für das ganze Land. »Eine Frau ist unsere bedeutendste Prominente geworden, das verändert Jemen von Grund auf.«

Die Auszeichnung gibt der Demokratiebewegung die dringend benötigte Hoffnung, weiterzumachen. Und auch Tawakkul Karman schöpft aus ihr neue Kraft. »Dieser Preis gibt mir Schutz«, glaubt sie. »Aber ich kann mich nicht ganz sicher fühlen, solange meine Familie und mein Volk von Salehs Regime verfolgt und getötet werden.« Der Nobelpreis hat fraglos ihr Leben verändert. Auf einmal interessiert sich die Welt für die Demokratiebewegung in Jemen, die gleiche Welt, die zuletzt nur nach Libyen geschaut hat. Zwei Wochen nach Bekanntgabe der Auszeichnung wird Tawakkul Karman vor dem Hauptgebäude der Vereinten Nationen bejubelt. Und im UN-Sicherheitsrat hört man der jungen Frau, die seit Mitte Februar in einem Zelt auf der Straße gelebt hat, auf einmal zu. Fast 1.500 Menschen, schätzen die UN, sind bis zu diesem Tag bei den Protesten in Jemen ums Leben gekommen. Einstimmig verabschiedet das höchste UN-Gremium am 21. Oktober eine Resolution, die Saleh zu einer Machtübergabe auffordert und ihm dafür eine Frist von einem Monat setzt. Im Gegenzug soll Saleh Straffreiheit erhalten – in diesem Punkt setzt Karman, die Saleh für die

Gewalt der vergangenen Monate unbedingt zur Rechenschaft ziehen will, sich nicht durch. Trotzdem sieht an diesem Abend alles danach aus, als würde sich am Horizont ein Silberstreif abzeichnen.

Niemand weiß, wie Jemens Zukunft aussieht. Doch eins hat Tawakkul Karman auf jeden Fall erreicht: Die junge Bevölkerungsmehrheit und allen voran die Frauen haben in den vergangenen Monaten ein zuvor ungekanntes Selbstbewusstsein entwickelt, das ihnen niemand mehr nehmen kann. »Die Tatsache, dass Frauen künftig eine Rolle in der arabischen Welt spielen werden, wird den Extremismus eindämmen und die ganze Gesellschaft erhellen«, glaubt Nehad Abu al-Qomsan, eine ägyptische Friedensaktivistin. »Arabische Frauen tun etwas, was es vorher nicht gab – und die Folgen werden die Welt verändern.« Die saudische Aktivistin Eman al-Nafjan hat Frauen in ihrer Heimat zu einem Autokorso aufgerufen, um gegen das Fahrverbot für Frauen zu demonstrieren. Auch sie glaubt, dass der Friedensnobelpreis für Tawakkul Karman die Rolle der Frauen im Nahen Osten auf Dauer stärken wird. »Bisher hat man uns Frauen in der arabischen Welt nicht ernst genommen – aber das wird sich ändern, jetzt, wo der Rest der Welt uns ernst nimmt.«

8. Eine, zwei, viele Heldinnen

Die Zukunft gehört – hoffentlich – den Frauen

Nicht jede Heldin bekommt gleich den Friedensnobelpreis verliehen. Eine Auszeichnung erwartet Juliana Kinibio auch gar nicht. Sie ist schon dankbar, wenn es im Alltag mal keine größeren Probleme gibt. Die 45-jährige Kenianerin kümmert sich alleine um ihre sieben Kinder. Ihr Mann ist seit zehn Jahren tot. Auf dem roten, staubigen Boden vor ihrer Hütte baut sie Mais an und Sorghum, außerdem hält sie ein paar Hühner. Seit vier Jahren hat es hier, in der Ebene zwischen Nairobi und der Küste, kaum geregnet. »Aber ohne Wasser überlebt nichts und niemand«, sagt Kinibio mit ruhiger Stimme. Jeden Tag musste sie deshalb zum nächsten schlammigen Wasserloch laufen. »Das sind sechs Kilometer mitten durch den Busch, ein weiter Weg.« Den vollen Wasserkanister balanciert Kinibio auf ihrem Kopf. »Mehr als ein Zwanzigliterkanister am Tag ist nicht drin, nach dem Marsch durch die pralle Sonne bin ich sehr erschöpft.« Dabei bräuchte ihre Familie eigentlich fünf Mal soviel Wasser – zum Trinken, zum Kochen und zum Waschen. Aber irgendwie bekommt Kinibio es immer so hin, dass sich am Ende des Tages alle Familienmitglieder zufrieden in die fensterlose Lehmhütte kuscheln können.

Kinibio ist eine Heldin des Alltags, wie es sie in Entwicklungsländern zu Hunderttausenden gibt. Jeden Tag aufs Neue nimmt sie ein Leben in Angriff, das vor allem aus Mühsal besteht. Vor allem in den ländlichen Regionen sind Frauen immer noch zuständig für Haus und Kinder, Feld und Herd. Die Männer müssten sich im Gegenzug um das Vieh oder ein anderes Einkommen kümmern, doch in der Realität sind die meisten Frauen auf sich allein gestellt. Was Männer in fernen Städten oder im Ausland verdienen, bleibt oft dort. Viele von denen, die in der Fremde neue Beziehungen finden, sterben an AIDS. Die Hoffnung in den ärmsten Ländern der Welt hängt an Frauen wie Kinibio, die einfach nie das Handtuch werfen.

Gedankt wird es ihnen nicht, im Gegenteil. Frauen in Entwicklungsländern sind in nahezu allen Lebensbereichen benachteiligt, im Durchschnitt ärmer als Männer und haben ein größeres Risiko, früh zu sterben. Im globalen Ranking des *Gender Inequality Index* der Vereinten Nationen liegt Jemen auf dem letzten Platz (146), Liberia kaum besser auf Rang 139 – das heißt, in nur sieben Ländern weltweit gibt es weniger Gleichberechtigung zwischen Mann und Frau als in Liberia, und weniger gleichberechtigt als in Jemen sind Frauen nirgendwo auf der Welt. Schlechtere Ausbildungschancen sind eines der größten Probleme für Frauen in der arabischen Welt und in Afrika. In Jemen haben nur 7,6 Prozent der Frauen einen weiterführenden Schulabschluss, nicht einmal jede fünfte Frau hat ein eigenes Einkommen. In Liberia sind es gerade einmal 15 Prozent, die einen Sekundarabschluss haben. Hier wie in ganz Afrika sind die hohe Müttersterblichkeit und die hohe Zahl von Jugendschwangerschaften das größte Problem: Mehr als 14 von hundert Liberianerinnen bekommen vor ihrem 18. Geburtstag mindestens ein Kind. Das liegt auch daran, dass nur jede zehnte Liberianerin und nur gut jede vierte Jemenitin Zugang zu Verhütungsmitteln haben. Über Sex bestimmen in beiden Ländern die Männer. Die politisch und gesellschaftlich abgehängten Frauen werden zudem leicht

Opfer von Gewalt. In Entwicklungsländern erträgt mindestens jede fünfte Frau häusliche Gewalt, schätzen die UN.

Christine Nzioki, 35, lebt in Kibera, Kenias größtem Slum. In den vergangenen Jahren hat sie nicht nur ihre drei Kinder großgezogen, sondern mit den Erlösen aus einem kleinen Imbiss auch die Familie ernährt. Ihr Mann verlor erst seinen Job, dann fing er zu trinken an. Während Nzioki schuftete, saß er von morgens bis abends vor der gemeinsamen Einzimmer-Hütte und trank billigen Fusel, der in Kibera auf offener Straße gebraut wird. »Abends hat er mich angeschrien, er hat mich geschlagen und zum Schluss immer wieder getreten – mit seinen Stiefeln auf den Kopf, wieder und wieder, bis ich leblos am Boden lag.« Die Kinder, damals zwischen zehn und zwölf Jahren alt, bekamen alles mit: Auf den vier Quadratmetern, die sich die fünfköpfige Familie damals teilte, war kein Platz für Privates. Vielleicht hat Christine Nzioki nur deshalb überlebt, denn ihr ältester Sohn schleppte sie eines Nachts zum fünf Kilometer entfernten Krankenhaus. Weil sie nur halb bei Bewusstsein war, dauerte der Marsch bis zum Morgengrauen.

»Die meisten Gewaltopfer, die wir hier bekommen, kommen aus Kibera«, erklärt die Psychotherapeutin Miriam Kuria, die damals auch Christine Nzioki in Empfang nahm. Gemeinsam mit sechs Kolleginnen im *Gender Violence Recovery Centre*, einem Behandlungszentrum für Opfer von häuslicher und sexueller Gewalt, versucht sie, die seelischen Wunden der Opfer zu versorgen. Meistens alarmiert Kuria jedoch zuerst die Ärzte im angeschlossenen privaten Frauenhospital: Nziokis Kopfwunde etwa musste genäht werden, die dreifache Mutter lag mehrere Tage halb bewusstlos im Krankenhaus. Für die Gewaltopfer ist die Behandlung hier, anders als in den staatlichen Gesundheitsstationen, kostenlos. Das

Gleiche gilt für die anschließende Beratung und Therapie, die dennoch viel zu selten angenommen wird, so Kuria. »Gerade bei häuslicher Gewalt ist es so: Die Frauen kommen und werden ärztlich versorgt, dann gehen sie nach Hause und spätestens nach ein paar Wochen stehen sie mit neuen Verletzungen in der Tür.«

Ein Grund, sagt die Therapeutin, ist die Abhängigkeit der meisten Frauen von ihrem Ehemann. »Die wenigsten Frauen in Kibera arbeiten, und wenn sie darüber nachdenken, nicht zu ihrem Mann zurückkehren, stellt sich sofort die Frage: Wohin gehe ich? Was esse ich? Was ist mit den Kindern?« Viele, die in Kibera aufgewachsen sind, betrachten Gewalt zudem als Teil des Alltags. »Als Mädchen haben die Opfer hautnah miterlebt, wie der Vater die Mutter misshandelt hat, und dass ihr Mann das Gleiche tut, erscheint ihnen nicht als Unrecht.« Dass das Bildungsniveau niedrig ist, weil kaum ein Kind in die wenigen, überfüllten und im Zweifel zu teuren Schulen geht, sorgt zusätzlich dafür, dass die Slumbewohnerinnen selbst grundlegendste Menschenrechte nicht kennen.

Vor diesem Hintergrund ist es kaum überraschend, dass Frauen in Konfliktsituationen am meisten unter Gewalt zu leiden haben. Vor allem in Bürgerkriegsländern sind Frauen die ersten Opfer brutaler Gewalttaten. Im Bosnienkrieg wurde erstmals öffentlich, wie Vergewaltigungen gezielt eingesetzt werden. Zwischen 1992 und 1995 wurden dort mindestens 20.000 Frauen vergewaltigt, um Angst und Schrecken in der Bevölkerung zu erzeugen und Massenfluchten auszulösen. In Liberias Bürgerkrieg sollen mindestens drei von vier Frauen vergewaltigt worden sein. Im Bürgerkrieg in Sierra Leone wird die Zahl der Vergewaltigungen auf mehr als 50.000, im ruandischen Genozid auf mehr als 500.000 geschätzt. In Ruanda, so ein UN-Bericht, den unter anderem

Ellen Johnson Sirleaf mitverfasst hat, war Vergewaltigung nicht die Ausnahme, sondern die Regel.

In der Demokratischen Republik Kongo, wo offiziell Frieden herrscht, wurde die Zahl der Vergewaltigungsopfer im instabilen Osten allein 2009 auf zwischen 15.000 und 17.500 geschätzt. Die 22-jährige Joelle etwa führt ein Leben auf der Flucht. Sie hat Unterschlupf in einem Vertriebenenlager gefunden, knapp 25 Kilometer von Goma, dem Zentrum von Kongos Nord-Kivu-Provinz, entfernt. In Gedanken kauert Joelle immer noch auf einem Feld in Masisi, wo sie aufgewachsen ist. »Ich habe Unkraut gejätet, die Sonne stand hoch am Himmel, als sie kamen«, erinnert sie sich. Joelles Stimme ist leise, aber fest. »Es waren viele bewaffnete Männer.« Mehrfach haben die Männer sie an diesem Tag brutal vergewaltigt. Als Joelle stark blutend nach Hause zurückkehrt und sich ihrem Mann anvertraut, wirft der sie und die vier gemeinsamen Kinder umgehend auf die Straße. »Er hat gesagt, ich habe seine Ehre verletzt«, sagt Joelle.

Zwei Wochen irrt sie mit ihren vier Kindern – das jüngste ist erst ein Jahr alt – umher, sucht Beeren und Blätter, bettelt andere Flüchtlinge an und schläft im Busch, wo niemand sie finden kann. Schließlich schafft sie es nach Goma, wo ein Onkel die Kinder aufnimmt. Sie selbst muss ins Flüchtlingslager. Nur Tage nach ihrer Ankunft wird sie dort erneut vergewaltigt, als sie im nahen Wald Feuerholz aufsammelt. »Das Leben hier im Kongo ist sehr schwer«, sagt sie, während sie über ihren schwangeren Bauch streicht. In fünf Monaten erwartet sie ein Kind, das Kind jenes Peinigers aus dem Wald hinter dem Flüchtlingslager. Ihr Onkel will mit ihr seitdem nichts mehr zu tun haben, ihre Kinder darf sie nicht sehen. Joelle ist gefangen zwischen dem Chaos des Krieges und dem antiquierten Moralkodex einer geschundenen Gesellschaft.

Hilfe findet sie bei Lisa Mangaza, einer jungen Frau im bunten Blumenkleid. Sie ist die Einzige, der Joelle ihr Schicksal bis ins schlimmste Detail beschrieben hat. Die in Psychotherapie trainierte Sozialarbeiterin, die für das kongolesische Rote Kreuz arbeitet, ist für Frauen wie Joelle die letzte Hoffnung. Gut 5.000 Flüchtlinge leben im Lager, täglich kommen neue dazu. »Hier hat jeder irgend etwas Schlimmes erlebt, und die Leute erzählen einander von unserem *Maison d'Écoute*«, weiß Mangaza. Das *Maison d'Écoute*, Haus des Zuhörens, ist ein Beispiel dafür, wie Frauen in Afrika Frauen helfen. Während die Männer Kriege führen, übernehmen Frauen die Heilung der Gesellschaft.

»Wir brauchen neue Respektspersonen, Anführer, die unbelastet sind und als Vorbilder dienen können«, fordert die Kongolesin Noela Katembo. Die Witwe, deren Mann von Banditen ermordet wurde, hat den Aufbau eines neuen Kongo zu ihrer Aufgabe gemacht. *Nehemiah* hat sie das Programm getauft, nach dem alttestamentarischen Propheten, der Jerusalem aus den Trümmern wieder aufbaute. Ähnlich will Katembo es im Osten Kongos schaffen, Schritt für Schritt. In Dörfern, die vom jahrzehntelangen Bürgerkrieg gezeichnet sind, holt sie die kämpfenden Parteien an einen Tisch. »Viele, die sich für Feinde halten, sitzen erstmals zusammen und sind dann überrascht, wie viele Gemeinsamkeiten sie haben«, sagt Katembo. Oft sind es die Frauen, die zuerst ins Gespräch kommen, weil das Leid ihrer Familien sie mehr verbindet, als dass ein abstrakter Krieg sie trennen kann.

Die Sozialisation von Frauen macht sie zu perfekten Mediatoren in Konfliktsituationen, glaubt auch Cate Buchanan, die seit zehn Jahren für das Genfer *Zentrum für humanitären Dialog* arbeitet. »Frauen wird fast überall auf der Welt von früh an beigebracht, nicht sich selbst in den Mittelpunkt zu stellen, sondern die Gemeinschaft«, so Buchanan. »Sie hören eher zu anstatt zu reden, und viele von ihnen erwarten auch nicht, durch Friedensgespräche Macht oder eine politisch einflussreiche Position zu bekommen.« Was klingt wie eine Aneinanderreihung von Klischees, ist das Ergebnis von Dutzenden Konfliktvermittlungen, die das Zentrum erfolgreich begleitet hat. Viele Männer wollen davon dennoch nichts wissen. Und selbst Frauen halten sich oft selbst für unfähig, in Konflikten zu vermitteln – selbst dann, wenn es um spezifische Frauenprobleme, etwa Vergewaltigungen, geht.

Das *Zentrum für humanitären Dialog* bildet Frauen deshalb zu Konfliktmediatoren weiter und stellt im Fall von Friedensverhandlungen Expertinnen zur Verfügung – Verfassungsrechtlerinnen, Sicherheitsexpertinnen. »Es ist wichtig, dass Frauenrechte auf den Tisch kommen und Belange von Frauen in allen Bereichen berücksichtigt werden«, sagt Buchanan. Gerade bei Verhandlungen am Ende eines Kriegs oder Konflikts handele es sich oft um die einzige Chance einer ganzen Generation, die zukünftige Gesellschaft gleichberechtigt zu gestalten. »Da geht es etwa um die Zusammensetzung von Parlamenten«, weiß Buchanan. »Um die künftige Machtaufteilung – und selbst in Gesellschaften, wo Frauenquoten sonst keine Chancen hätten, haben wir in Friedensverträgen solche Quoten festschreiben können.« Allerdings ist ein Friedensvertrag aus Buchanans Sicht nur der erste Schritt, um Frauenrechte zu stärken. »Wenn Sie zum Beispiel eine Frauenquote haben und es ziehen auf einmal Dutzende Frauen ins Parlament ein, denen die nötige Erfahrung fehlt, dann müssen Sie die weiblichen Abgeordneten fortbilden – nur dann haben Sie die Chance, dass die Frauen ihre politischen Forderungen auch durchsetzen können.«

Eine, die bewiesen hat, wie erfolgreich Frauen zwischen verfeindeten Konfliktparteien moderieren können, ist Dekha Abdi. Die 2007 mit dem Alternativen Nobelpreis ausgezeichnete Muslimin wuchs im Nordosten Kenias auf, wo verfeindete Clans das Leben der Menschen zur Hölle machten. »Tagsüber haben wir uns vor dem Militär gefürchtet, nachts vor den Milizen«, sagt sie. Es war 1991, der nahe Nachbarstaat Somalia gerade zusammengebrochen. Dekha Abdi war 27 und Mutter einer einjährigen Tochter. Gemeinsam mit Freundinnen und Kolleginnen baute sie eine Gruppe von Friedensvermittlern auf, die meisten Frauen. »Wir brauchten Vermittler, und fast alle einflussreichen Persönlichkeiten waren irgendwie in die Unruhen verwickelt.« Obwohl Krieg und Frieden in der nomadischen Gesellschaft in Kenias Nordosten traditionell Männerangelegenheit sind, gelang es Abdi, mit ihrem Engagement die Ältestenräte auf ihre Seite zu bringen.

Es ging vorwärts, wenn auch nur langsam. »Eines Tages hatten wir eine Friedenskonferenz mit Clanchefs und Religionsführern in Mandera, an der Grenze zu Äthiopien«, erinnert sie sich. »Mehrere Tage haben wir über die Konflikte in der Region verhandelt.« Dabei saß ein schweigsamer, junger Mann, der erst nach drei Tagen das Wort ergriff. »Da hat er gesagt: Ich habe umgerechnet 5.000 Euro hier in meinem Umhang versteckt, mit denen ich in Somalia Waffen kaufen wollte.« Er sei als Spion gekommen, gestand der Mann, um seine Feinde besser besiegen zu können. »Aber dann sagte er, die Berichte seiner Feinde hätten ihm klar gemacht, dass es beiden Seiten gleich schlecht ginge, und dass der einzige Ausweg ein Ende der Kämpfe sei.«

Heute sind Wajir und der Nordosten Kenias praktisch befriedet, obwohl im benachbarten Somalia immer noch gekämpft wird. »Die Gesellschaft nimmt selbst Polizeiaufgaben wahr, wir haben Vermittler an den Wasserstellen, in den Schulen und entlang der Grenze, um jeden kleinen Konflikt beizulegen, bevor er wachsen kann.« Zuletzt gründete Abdi ein Netzwerk, um Frauen aus anderen Ländern ihre Strategie weiterzugeben. Von oben, sagte Abdi immer, dürfe man keinen Wandel erwarten. »Die Politik führt nicht, die Gesellschaft führt – die Politik folgt.« Abdi arbeitete nie allein, bezog immer andere Frauen ein. Trotz ihres tragischen Tods bei einem Verkehrsunfall im Juli 2011 – sie war erst 47, ihr Mann starb mit ihr – führen nun andere Frauen ihre Arbeit fort.

Trotz solcher Beispiele sind Frauen bei der Lösung von Konflikten bis heute kaum beteiligt. Die Unterschriften unter den 21 umfassenden Friedensabkommen, die weltweit seit 1991 unterzeichnet wurden, stammen zu 98 Prozent von Männern. Friedensgespräche unter UN-Vermittlung wurden noch nie von Frauen geleitet. Bei den Vereinten Nationen gibt es 91 hochrangige Posten, die für die Konfliktbewältigung (regional oder inhaltlich) zuständig sind. Nur elf davon sind von Frauen besetzt. Unter den elf EU-Sonderbeauftragten in Krisengebieten ist sogar nur eine einzige Frau – die Schwedin Rosalind Marsden vermittelt im Sudan. »Viele Männer werden nicht wegen ihrer Qualifikation, sondern vor allem wegen ihrer früheren Posten, etwa als Außenminister oder Regierungschef, ausgewählt«, weiß Cate Buchanan vom Genfer *Zentrum für humanitären Dialog*. Die Benachteiligung von Frauen in den meisten Nationalstaaten setzt sich so auf der supranationalen Ebene fort.

Safaa Elagib, die in Sudans Hauptstadt Khartum das *Darfur-Friedensforum* leitet, fordert eine Frauenquote von mindestens dreißig Prozent für Gespräche über die Zukunft der Region im Westen des Landes. Bisherige Verhandlungen zwischen Regierung und Rebellen sind stets gescheitert. »Und wer saß am Tisch? Alte Männer!« Frauen, die bei den Überfällen der von der Regierung gestützten Dschandscha-wid-Miliz auf ihre Dörfer vergewaltigt wurden, leben bis heute als Ausgestoßene, weil sie damals schwanger und Mütter illegitimer Kinder geworden sind. »Erschwerend kommt hinzu, dass die meisten Frauen ihre Rechte nicht kennen«, sagt Maryam Takas, eine weitere sudanesische Aktivistin. »Erst 1972 ist in Darfur die erste Mädchenschule eröffnet worden. Schulbildung ist dort bis heute vor allem Männern vorbehalten.«

Langsam kommen Frauen zu ihren Rechten. Nicht nur in der Vermittlung von Konflikten, auch im Wiederaufbau wächst ihre Rolle. Entwicklung, das ist inzwischen vor allem die Entwicklung, die Frauen in die Hand nehmen. Sie wünschen ihren Kindern eine bessere Zukunft und sind bereit, dafür auf eigenen Wohlstand zu verzichten. Und sie arbeiten hart, weil sie es von Kindesbeinen nicht anders gewohnt sind. Viele Hilfsorganisationen haben sich deshalb mittlerweile entschlossen, Kleinkredite nur noch an Frauen zu vergeben, auch weil sie im Regelfall ihre Geschäftspläne einhalten und zuverlässig investieren. Viele Frauen sind indes so geschäftig, dass sie auf Hilfsgelder ganz verzichten.

Auf einer sonnenbeschienenen Anhöhe in den Hügeln von Rolindo im Westen Ruandas etwa hat eine Frauengruppe eine hölzerne Schatzkiste aufgestellt, die mit drei Schlössern versperrt ist. Daneben stehen Kaffeetassen, in die eine Frau nach der anderen klimpernd ein paar Münzen wirft. »Jede von uns zahlt wöchentlich 50 Ruandische Francs ein«, erklärt Madeleine Ntagahira, Chefin des Sparclubs *Intambwe*. In der einheimischen Sprache Kinyarwanda bedeutet das: Schritt für Schritt. Die Idee ist einfach: Jeder gibt ein wenig, sodass für die Gruppe eine Kapitalbasis entsteht. Dieses Kapital wird dann an Mitglieder verliehen – als Startkapital für eine Geschäftsidee, oder auch für Medikamente oder Schulgeld. »Aber niemand kriegt was geschenkt, wir zahlen unsere Schulden stets wieder in die gemeinsame Kasse zurück«, betont Ntagahira stolz. Mit 50 Ruandischen Francs pro Woche, nicht einmal zehn Euro-Cent, haben die 26 Frauen von *Intambwe* inzwischen ein kleines Vermögen angespart, mit dem sie sich ein kleines Stück Gemeinschaftsland und drei Kühe leisten konnten. Als Nächstes wollen die Unternehmerinnen einen Zuchtbullen kaufen. Sobald genug Geld in der Kasse ist, werden die drei Schlüsselwächterinnen gemeinsam die Kiste öffnen und ihre neue Investition wagen.

Ruanda gilt afrikanischen Frauenrechtlerinnen ohnehin als großes Vorbild. 44 der 80 ruandischen Parlamentsabgeordneten sind Frauen – 24 Sitze sind für Frauen reserviert, die restlichen zwanzig setzten sich gegen die männliche Konkurrenz durch. »Wir sind Weltspitze«, freut sich Agnes Mukabaranga, in der letzten Legislaturperiode – der ersten nach dem Genozid von 1994 mit mehr als 800.000 Toten – Abgeordnete und inzwischen Senatorin im Oberhaus. Frauen, sagt die 46-jährige Juristin, sind friedfertig, kompromissbereit, versöhnlich – genau das, was die Wähler sich nach dem Völkermord von der Politik erhoffen. »Frauen sind in Ruanda schon traditionell in der Familie diejenigen, die die Gäste empfangen, wir nennen das Nyambinga, das bedeutet etwa: Brücke zur Gesellschaft.«

Trotz der Anleihen in den Traditionen des Landes ist Agnes Mukabaranga, Mutter von vier Kindern, eine ruandische Karrierefrau – eher aus Zufall als geplant, sagt sie selbst. »Nach dem Genozid standen wir Frauen vor Herausforderungen, die kaum lösbar schienen«, so Mukabaranga.

»Die Männer waren tot, verhaftet oder auf der Flucht, im Genozid waren Männer die Haupttäter und -opfer.« Der Massenmord der radikalen Hutu-Milizen an den Tutsi und moderaten Hutu traf ganze Generationen. »Wir Frauen mussten einfach die Last für Gerechtigkeit, für Wiederaufbau und für eine neue Politik im Land schultern.« Unterstützung haben die Parlamentarierinnen von ganz oben. Präsident Paul Kagame, der in Ruanda die Leitlinien für jede politische Entscheidung vorgibt, hat schon viele Frauen auf bedeutende Posten befördert – viele hatten schon in seiner Rebellenbewegung wichtige Posten inne. Auch ein Gesetz gegen sexuelle Gewalt hat seine Wurzeln in dieser Zeit: Vergewaltigung wurde innerhalb von Kagames *Patriotischer Front* (RPF), die den Genozid beendete, stets schwer geahndet.

Und auch die kenianische Farmerin Juliana Kinibio wollte es irgendwann nicht mehr hinnehmen, dass die ständige Wasserknappheit ihre Familie bedrohte. Gemeinsam mit Freundinnen aus der Region packte sie an, um auf einem Fels in der Gegend einen Damm zu bauen, in dem sich jetzt der spärliche Regen fängt. Wenn es regnet in diesem Teil Kenias, dann regnet es kurz und heftig. Vom Damm läuft das Wasser in Tanks, die in wenigen Stunden bis zu 900 Kubikmeter sammeln können. Entstanden ist die Anlage mit Unterstützung der Welthungerhilfe. Doch Konibio und ihre Freundinnen brachten ihre Arbeitskraft ein: Monatelang haben sie auf der Baustelle geschuftet, Steine geschleppt, gemauert und die Felsoberfläche poliert. Der Einsatz, sagt die Mutter fröhlich, hat sich gelohnt. »Jetzt stehe ich morgens auf, schnappe mir meine Kanister und bin kurze Zeit später mit genug Wasser für den ganzen Tag zurück.« Dafür, dass immer genug Wasser vorhanden ist, sorgen ebenfalls in Eigenregie die Frauen: sie bewirtschaften den kleinen Wasserkiosk, in dem Buch darüber geführt wird, wie viel Wasser noch in den Tanks ist. »So können wir sichergehen, dass jede Familie den gleichen Anteil bekommt.«

Noch ein Konflikt – um Geld und Ressourcen – den Afrikas starke Frauen verhindert haben, bevor er überhaupt entstehen konnte.

Zeittafel

1847: Befreite Sklaven erklären Liberia zur unabhängigen Republik.

1918: Das Osmanische Reich, zu dem Jemen seit dem 16. Jahrhundert gehört, löst sich auf. Der Norden Jemens wird als Gottesstaat von Imam Yahya regiert, der Süden bleibt britische Kolonie.

1938, 29. Oktober: Ellen Johnson Sirleaf wird in Monrovia geboren.

1951: Frauen und indigene Landeigentümer (»Zivilisierte«) dürfen in Liberia erstmals wählen.

1962: Nach dem Tod von Imam Ahmed putscht in Nord-Jemen die Armee und erklärt die Gründung der Arabischen Republik Jemen.

1967: Nach dem Abzug Großbritanniens aus Süd-Jemen wird die sozialistische *Demokratische Volksrepublik Jemen* gegründet.

1972, 1. Februar: Leymah Gbowee wird in Monrovia geboren.

1978: Ali Abdullah Saleh wird Präsident in Nord-Jemen.

1979, 7. Feburar: Tawakkul Karman wird in der Nähe der Stadt Taiz in Jemen geboren.

1980: Militärputsch in Liberia. Samuel Doe erklärt sich zum Staatsoberhaupt. Ehemalige Minister werden öffentlich hingerichtet.

1985: Samuel Doe zum Präsidenten gewählt. Johnson Sirleaf wird wegen angeblichen Putschversuchs inhaftiert.

1989: Charles Taylor beginnt Revolte gegen Doe. Der erste liberianische Bürgerkrieg beginnt.

1990: Wiedervereinigung Jemens mit Präsident Saleh an der Spitze.

1994: Salehs Armee schlägt einen Aufstand im Süden Jemens nieder, nachdem Politiker dort die erneute Abspaltung erklärt haben.

1997, 19. Juli: Charles Taylor wird zum Präsidenten gewählt. Ellen Johnson Sirleaf verlässt nach ihrer Niederlage das Land.

1999: Rebellen im Norden Liberias beginnen ihre Offensive. Der zweite liberianische Bürgerkrieg beginnt.

2000, Oktober: Selbstmordattentat auf das US-Kriegsschiff USS Cole. 17 US-Soldaten kommen ums Leben.

2001, Mai: UN-Sicherheitsrat erlässt Waffenembargo gegen Liberia wegen Taylors Unterstützung für die brutale Rebellenbewegung in Sierra Leone.

2003, März: Rebellen rücken bis auf zehn Kilometer auf Monrovia zu.

2003, 14. April: Mehr als 2.000 Frauen in weißen T-Shirts beginnen unter Anführung Leymah Gbowees im Zentrum Monrovias mit ihrem Dauerprotest für ein Ende des Bürgerkriegs.

2003, 4. Juni: Stockender Beginn der Friedensgespräche für Liberia. Kämpfe in Liberia intensivieren sich.

2003, August: Ende des Bürgerkriegs. Charles Taylor fliegt nach Nigeria aus. Nigerianische und US-Friedenstruppen sichern Liberias Hauptstadt.

2004: Beginn der Kämpfe zwischen Regierungsarmee und Houthi-Rebellen im Norden Jemens. 2009 greift Saudi-Arabien aufseiten der Regierung ein.

2005, 3. März: Tawakkul Karman gründet die Menschenrechtsorganisation *Journalistinnen ohne Ketten*.

2005, 23. November: Ellen Johnson Sirleaf wird zu Liberias Präsidentin gewählt.

2007, Juni: Kriegsverbrecherprozess gegen Charles Taylor beginnt in Den Haag. Das Urteil wird für Ende 2011 erwartet.

2009, Juni: Neun Ausländer werden im Norden Jemens verschleppt, drei später tot aufgefunden.

2010, September: Offensive gegen Separatisten in Süd-Jemen löst Massenflucht aus.

2010, Oktober: Weltweiter Terroralarm, nachdem *al-Qaida*-Terroristen von Jemen aus Sprengstoffpäckchen in die USA schicken.

2011, Februar: Beginn der Straßenproteste gegen Jemens Präsident Ali Abdullah Saleh.

2011, 18. März: Scharfschützen töten mindestens 50 Demonstranten im Zentrum von Sanaa.

2011, Mai: Kämpfe zwischen Armee und Stammeskriegern in Sanaa nehmen zu. Tausende fliehen.

2011, Juni: Jemens Präsident Saleh wird bei einem Anschlag schwer verletzt und zur Behandlung nach Saudi-Arabien ausgeflogen. Im September kehrt er überraschend zurück.

2011, September: US-Drohne tötet Jemens *al-Qaida*-Chef Anwar al-Awlaki.

2011, 8. November: Liberias Präsidentin Ellen Johnson Sirleaf tritt in der zweiten Runde der Präsidentschaftswahlen an. Gegenkandidat Winston Tubman ruft wegen angeblicher Unregelmäßigkeiten zum Boykott auf.

Wichtige Literatur

Butcher, Tim: Chasing the devil. The search for Africa's fighting spirit. Random House 2010

Clark, Victoria: Yemen. Dancing on the head of snakes. Yale University Press 2010

Corey-Boulet, Robbie: Will Liberia's progress be enough for Johnson Sirleaf? World Politics Review 2011

Ellis, Stephen: Mask of Anarchy. The destruction of Liberia and the religious dimension of an African civil war. C. Hurst & Co 1999

Gbowee, Leymah: Mighty be their powers. How sisterhood, prayer and sex changed a nation at war. Perseus Distribution 2011

Gerlach, Julia: Wir wollen Freiheit! Der Aufstand der arabischen Jugend. Herder 2011

Greene, Graham: Journey without maps. Random House (Vintage Classics) 2006

Hetherington, Tim: Long story bit by bit. Liberia retold. Umbrage 2009

Johnson Sirleaf, Ellen: This Child will be great. Memoir of a remarkable life of Africa's first woman president. Harper Perennial 2010

Phillips, Sarah/Redman, Nicholas: Yemen and the politics of permanent crisis. International Institute for Strategic Studies (Adelphi series, 420) 2011

Schmid, Thomas/Nordhausen, Frank: Die arabische Revolution. Demokratischer Aufbruch von Tunesien bis zum Golf. Ch. Links 2011

Wirtschaftlichkeit und Nachhaltigkeit gehören zusammen

Peter Spiegel
Eine bessere Welt
Unternehmen
Wirtschaften im Dienst
der Menschheit
160 Seiten | Paperback
ISBN 978-3-451-06406-7

Peter Spiegel erklärt, wie Social Business funktioniert
und entwickelt das Modell des Friedensnobelpreisträgers
Muhammad Yunus weiter.

In jeder Buchhandlung

HERDER

Lesen ist Leben

www.herder.de